GW00319764

LEÇON
DE CHOSES

OUVRAGES DE CLAUDE SIMON

LE TRICHEUR, roman, 1945, *épuisé.*
LA CORDE RAIDE, 1947, *épuisé.*
LE VENT, TENTATIVE DE RESTITUTION D'UN RETABLE
  BAROQUE, roman, 1957.
L'HERBE, roman, 1958 ("double", n° 9).
LA ROUTE DES FLANDRES, roman, 1960 ("double", n° 8).
LE PALACE, roman, 1962.
HISTOIRE, roman, 1967.
LA BATAILLE DE PHARSALE, roman, 1969.
LES CORPS CONDUCTEURS, roman, 1971.
TRIPTYQUE, roman, 1973.
LEÇON DE CHOSES, roman, 1975.
LES GÉORGIQUES, roman, 1981 ("double", n° 35).
LA CHEVELURE DE BÉRÉNICE, 1984.
DISCOURS DE STOCKHOLM, 1986.
L'INVITATION, 1987.
L'ACACIA, roman, 1989 ("double", n° 26).
LE JARDIN DES PLANTES, roman, 1997.
LE TRAMWAY, roman, 2001 ("double", n° 49).

Aux Éditions Maeght :

FEMMES (sur vingt-trois peintures de Joan Miró)
  tirage limité, 1966, *épuisé.*
PHOTOGRAPHIES, 1937-1970 (107 photos et texte de l'auteur.
  Préface de Denis Roche), 1992.

Aux Éditions Skira :

ORION AVEUGLE (avec 21 illustrations),
  « Les sentiers de la création », 1970, *épuisé.*

Aux Éditions Rommerskirchen :

ALBUM D'UN AMATEUR, 1988, *tirage limité.*

Aux Éditions L'Échoppe :

CORRESPONDANCE AVEC JEAN DUBUFFET, 1994.

CLAUDE SIMON

LEÇON
DE CHOSES

LES ÉDITIONS DE MINUIT

ISBN : 978-2-7073-0064-5

GÉNÉRIQUE

Les langues pendantes du papier décollé laissent apparaître le plâtre humide et gris qui s'effrite, tombe par plaques dont les débris sont éparpillés sur le carrelage devant la plinthe marron, la tranche supérieure de celle-ci recouverte d'une impalpable poussière blanchâtre. Immédiatement au-dessus de la plinthe court un galon (ou bandeau?) dans des tons ocre-vert et rougeâtres (vermillon passé) où se répète le même motif (frise?) de feuilles d'acanthe dessinant une succession de vagues involutées. Sur le carrelage hexagonal brisé en plusieurs endroits (en d'autres comme corrodé) sont aussi éparpillés parmi les débris de plâtre divers objets ou fragments d'objets (morceaux de bois, de brique, de vitres cassées, le châssis démantibulé d'une fenêtre, un sac vide dont la toile rugueuse s'étage en replis mous, une bouteille couchée, d'un vert pâle, recouverte de la même poussière blanchâtre et à l'intérieur de laquelle on voit une pellicule lilas de tanin desséché et craquelé déposée sur le côté du cylindre, etc.). Du plafond pend une ampoule de faible puissance (on peut sans être aveuglé en fixer le filament) vissée sur une douille de cuivre terni.

Au-dessous du minuscule et immobile déferlement de vagues végétales qui se poursuivent sans fin sur le galon de papier fané, l'archipel crayeux des morceaux de plâtre se répartit en îlots d'inégales grandeurs comme les pans détachés d'une falaise et qui se fracassent à son pied. Les plus petits, de formes incertaines, molles, se sont dispersés au loin après avoir roulé sur eux-mêmes. Les plus grands, parfois amoncelés, parfois solitaires, ressemblent à ces tables rocheuses soulevées en plans inclinés par la bosse (équivalent en relief du creux — ou d'une partie du creux — laissé dans le revêtement du mur) qui en constitue l'envers et sur laquelle ils reposent. Sur leur face lisse adhère quelquefois encore un lambeau de feuillage jauni, une fleur.

La description (la composition) peut se continuer (ou être complétée) à peu près indéfiniment selon la minutie apportée à son exécution, l'entraînement des métaphores proposées, l'addition d'autres objets visibles dans leur entier ou fragmentés par l'usure, le temps, un choc (soit encore qu'ils n'apparaissent qu'en partie dans le cadre du tableau), sans compter

GÉNÉRIQUE

les diverses hypothèses que peut susciter le spectacle. Ainsi il n'a pas été dit si (peut-être par une porte ouverte sur un corridor ou une autre pièce) une seconde ampoule plus forte n'éclaire pas la scène, ce qui expliquerait la présence d'ombres portées très opaques (presque noires) qui s'allongent sur le carrelage à partir des objets visibles (décrits) ou invisibles — et peut-être aussi celle, échassière et distendue, d'un personnage qui se tient debout dans l'encadrement de la porte. Il n'a pas non plus été fait mention des bruits ou du silence, ni des odeurs (poudre, sang, rat crevé, ou simplement cette senteur subtile, moribonde et rance de la poussière) qui règnent ou sont perceptibles dans le local, etc., etc.

EXPANSION

Les flots verdâtres, les rochers violets, l'écume, le ciel bas, sont figurés indifféremment au moyen de petits coups de pinceau en forme de virgules ou de minuscules croissants. De loin, dans l'ensemble papillotant se dessinent des masses aux contours estompés cependant que les milliers de touches semblent voltiger, comme ces tempêtes chatoyantes mêlées de duvet en suspension dans un poulailler après une bataille de coqs, s'élevant, tournoyant et retombant en se balançant. De tout près on peut distinguer la matière de chacune des touches dirigées de droite à gauche, d'abord empâtée, puis s'élargissant, dérapant en même temps qu'elle se relève comme une queue. L'image de l'immobile tempête est collée sur un papier pelucheux qui l'entoure d'une marge grisvert. Elle est punaisée à côté de la fenêtre dont l'embrasure encadre un paysage champêtre avec, sur la droite, un petit bois à la corne duquel débouche un chemin qui, après un tournant, se dirige vers le village. Avant de disparaître, caché par la haie du jardin, il franchit sur un pont de pierre le ruisseau dont par endroits on voit luire la surface au milieu des prés. A gauche du bois, le terrain se relève en pente sur le versant d'un coteau planté d'arbres fruitiers clairsemés, comme un verger à l'abandon ou mal entretenu au sol couvert de longues herbes et constellé de pastilles (ombelles, coquelicots?) blanches ou rouges. Trois femmes au teint sans doute fragile qu'elles protègent du soleil par des ombrelles descendent la pente du verger. Elles portent des robes claires, d'un style démodé, très serrées à la taille, aux manches à gigot. L'une d'elles agite autour de son chapeau et de son buste un rameau feuillu pour chasser les taons. Des feuilles de noyer froissées s'exhale un parfum entêtant, encore épaissi par la chaleur de l'après-midi. Les taons ont des ailes allongées, grisâtres, piquetées de noir, et une tête noire. En avant des femmes marche une petite fille vêtue d'une robe claire et coiffée d'un canotier de paille brillante dont les larges brins aplatis sont tressés en chevrons. Elle tient à la main un bouquet de fleurs des champs. La folle avoine, les graminées balayées par les longues jupes font un bruit rêche. La bande avançant à la queue leu leu laisse derrière elle au flanc du coteau un sillon irrégulier au fond duquel l'herbe ne se relève que lentement. Lorsque le tireur écarte la tête et cesse de fixer la mire à travers l'œilleton de visée, il peut voir le calendrier des Postes suspendu sur le mur tapissé d'un papier peint aux grandes fleurs (pavots?) d'un rouge passé. L'arme se détache en noir sur le fond lumineux du paysage où rien ne bouge, ni un animal, ni une forme humaine, ni un véhicule quelconque. Toutefois les bords du chemin et le chemin lui-même sont parsemés d'objets, de débris éparpillés, comme les épaves abandonnées par quelque rivière en décrue, le trop-plein d'une benne d'ordures conduite par des éboueurs négligents, les papiers déchirés que laisse derrière elle une foule à la sortie d'un stade, d'un hippodrome ou d'une foire. En regardant plus attentivement, on reconnaît des objets familiers, des valises ouvertes ou crevées, des baluchons, des linges. Avant le pont, obstrué par un amoncellement confus, se trouve une automobile, penchée sur le côté, l'une de ses roues avant dans le fossé et deux de ses portières ouvertes. Sur la droite, au milieu d'un pré, se dressent quatre piquets rigides et parallèles qui semblent encadrer une masse claire que l'herbe dissimule à moitié. A l'extrémité du canon de l'arme est vissé un cône percé de trous appelé cache-flammes. Un peu en arrière, le tube de poussée des gaz est enserré par une bague d'acier où viennent se réunir les deux jambes du bipied en V renversé. Chacun des pieds est pourvu d'une semelle rectangulaire percée d'un trou. Le tireur est couché sur une longue table de cuisine disposée légèrement en oblique devant la fenêtre, la crosse de l'arme contre son épaule droite, sa main gauche refermée sur la béquille dont un manchon fileté permet de régler la hauteur. On n'entend aucun bruit, sauf, parfois, ceux d'une série d'explosions, mais très lointaines, et le chant d'un oiseau solitaire, dans le bois probablement, qui lance son cri à intervalles réguliers, sur trois notes, toujours les mêmes, entrecoupées de longs silences, comme s'il attendait une réponse avant de répéter son appel monotone. A l'intérieur de la pièce s'élève la respiration embarrassée, comme un gargouillis, d'un dormeur. Les branches des arbres du coteau s'étalent et plient sous le poids des fruits. Leurs extrémités plus légères se retroussent comme les angles des toits des pagodes. Entouré sur le calendrier par les colonnes de noms de saints ou de martyrs, le groupe insouciant des promeneuses continue à dévaler le coteau. Les ombrelles aux couleurs pastel (rose, jonquille, pervenche) sous lesquelles s'abritent les femmes oscillent de façon désordonnée, comme des fleurs, aux rythmes différents de leurs pas. De chaque côté on peut lire les suites de noms aux consonances familières, bibliques ou barbares, évoquant des supplices, des

fers rougis au feu, des bêtes fauves ou des ermites :
Saint Étienne, Sainte Blandine, Saint Ulrich, Sainte
Agathe, Saint Sébastien, Saint Gilles, Saint Jérôme.
Il s'exhale de l'arme luisante et noire une fade odeur
d'huile qui s'amplifiera, lourde et rance, lorsque
quelques rafales auront été tirées et que le métal
s'échauffera. La ligne imaginaire qui passe par
l'œilleton et la mire aboutit à la corne du petit bois.
Un concert de caquetages affolés s'élève de la cour
voisine de la maison et peu après un soldat pénètre
dans la pièce, tenant deux poules mortes par les
pattes. Ses cheveux, son visage, sa tunique et sa
culotte sont parsemés de plumes cuivrées aux reflets
mauves ou roses. Il souffle à plusieurs reprises entre
ses lèvres serrées pour décoller les fins duvets. Au
bout des cous flasques les têtes des poules se
balancent mollement. Leurs paupières membra-
neuses, grises et ridées, sont closes. Les commissures
tombantes de leurs becs confèrent aux têtes mortes
une expression revêche, outragée. Sur la lèvre inférieure du soldat et épousant sa courbe reste accroché
un brin de duvet de forme concave au mince tuyau
ivoire, aux barbes d'une extrême finesse que son
souffle rebrousse sans parvenir à le détacher. A la
fin il le décolle de l'index et crache par terre. Ache-
vant de traverser la pièce, il s'assied sur le sol, le dos
au mur, et déposant les poules entre ses jambes

écartées à demi repliées il entreprend de les plumer.
Les soldats sont très jeunes. Toutefois leurs mêmes
traits tirés, leurs mêmes yeux rougis par le manque
de sommeil et leurs mêmes joues mangées par une
barbe de cinq jours les fondent dans une sorte d'ano-
nymat, comme si leur jeunesse avait été non pas
exactement effacée mais pour ainsi dire si soudaine-
ment flétrie qu'ils évoquent ces adolescents frap-
pés par quelque mal foudroyant, quelque brutale
déchéance morale ou physique. Sur leur visage,
dans leur regard à la fois hébété et aigu, semblent se
superposer, coexister le souvenir aboli, déjà lointain, des jours insouciants et l'expérience préma-
turée, sénile, condensée et inguérissable du malheur.
Les coups sourds qui ébranlent la maison sont frap-
pés à intervalles réguliers mais pas à la même
cadence, soit que chacun des ouvriers rencontre des
résistances différentes, soit que l'un d'eux, peut-être
âgé, travaille avec peine. La cadence des sons les
plus sourds (correspondant aux coups les plus vio-
lents) est lente. Parfois l'on perçoit le tintement
métallique de la masse frappant la tête de l'outil
écrasée sous les chocs répétés en une collerette cré-
nelée. Les sons semblent jouer à se poursuivre, tantôt alternant, nettement séparés, tantôt se rapprochant, se confondant (les deux masses frappant au
même moment), puis se dissociant de nouveau

comme si les plus légers dépassaient les autres, prenaient du champ. Leurs résonances respectives se modifient aussi selon que l'un des deux outils heurte une pierre, une brique, ou tombe dans un joint de mortier. De temps à autre on perçoit un bruit confus d'effondrement et l'un des martèlements s'interrompt. Parfois ils cessent tous les deux, les ouvriers s'occupant de concert à déblayer les gravats, ou suspendant leur travail pour une courte pause, rouler une cigarette ou discuter de la suite. Un bruit de pas se rapproche et une main pousse l'épaule du tireur qui quitte son poste et descend de la table sur laquelle s'allonge un autre soldat. Sur la manche kaki sont cousus deux galons en forme de chevrons. Le nouveau venu essaie de faire tourner le manchon de la béquille de façon à remonter la crosse pour diriger le canon de l'arme sur le ponceau où sont entassés et enchevêtrés un tombereau renversé, une herse de fer, une moissonneuse et quelques autres instruments aratoires pesants. Constatant que la béquille se trouve déjà à son maximum d'élongation, il détourne la tête et donne un ordre. Sous l'eau transparente, couleur d'huître, le fond de roches ondule doucement. La plupart, brisées dans leur chute, présentent des arêtes vives et rectilignes, comme si elles avaient été taillées. Elles s'étendent en un champ chaotique comme les ruines des temples, des palais et des portiques d'une ville engloutie où l'on croit deviner des fragments de frontons, de chapiteaux et de corniches sur lesquels ont pris racine des mousses verdâtres qui s'inclinent alternativement dans un sens et dans l'autre au passage lent des vagues. L'un des soldats revient dans la pièce en portant une petite pile de livres qu'il pose sur la table à côté de l'arme. Le gradé en choisit un qu'il place sous la béquille. Il fait alors tourner plusieurs fois le manchon, corrigeant la hausse, abaissant ou élevant la crosse, de sorte que la ligne de mire est dirigée tantôt sur la corne du bois, tantôt sur le ponceau, après quoi il descend de la table sur laquelle se couche de nouveau le tireur. Dans le bois l'oiseau lance toujours son appel régulier. Quelques nuages se déplacent dans le ciel avec une extrême lenteur. Les rayons du soleil commencent à décliner. Ils frappent maintenant sous un angle différent les quatre piquets qui sortent de l'herbe du pré, encadrant la masse gonflée où l'on peut à présent reconnaître le ventre ballonné, blanc et rose, d'une vache couchée sur le dos et figée dans une complète immobilité. Elle dresse vers le ciel ses pattes rigides et son museau, la tête légèrement en oblique reposant sur les cornes, comme si on l'avait prise et retournée telle quelle, tout d'une pièce, à la façon d'un jouet. Après le départ du gradé, le tireur inoccupé attire à lui l'un des livres restés éparpillés sur la table. La couverture cartonnée est d'un blanc verdâtre, ou plutôt amande, le dos est renforcé par une toile olive. Le livre a pour titre LEÇONS DE CHOSES. Sous le titre est portée la mention NOUVEAUX PROGRAMMES et, en bas, le nom de l'éditeur LIBRAIRIE GÉNÉRALE DE L'ENSEIGNEMENT 1, rue Dante, 1. Le tout est encadré d'un filet noir qui dessine aux quatre angles des boucles serpentines, comme des rubans, des reflets ondulant dans l'eau, s'entrelaçant, et d'où se détache, dans chacun des coins supérieurs, une tige, serpentine elle aussi, porteuse d'une fleur aux pétales refermés (ou peut-être quelque baie), un peu comme les côtes bombées d'un minuscule melon ou d'une minuscule citrouille. Les rubans qui entourent les chapeaux de paille des femmes sont ornés de fleurs ou de fruits artificiels (des violettes, des pensées, une grappe de cerises) qui se balancent au rythme de leurs pas. Le bouquet que tient la petite fille est composé de scabieuses, de pissenlits et de marguerites des champs. Sainte Marguerite, Sainte Gwladys, Sainte Irène, Saint Pacôme, Saint Fulbert, Saint Stanislas... Tout en jetant de fréquents coups d'œil en direction de la corne du bois, le tireur ouvre le livre orné d'illustrations. Il contemple l'une d'elles qui porte comme légende : Fig. 20. Roches à découvert sur le bord de la mer. Un phare se dresse au sommet d'une haute falaise

aux parois noires, battue par des vagues grisâtres.
A gauche de la falaise et presque sur la ligne d'horizon, on aperçoit un voilier à la mâture fortement
inclinée. Abandonnant la béquille, mais la main
droite toujours sur le pontet de l'arme, le tireur
feuillette le livre à l'envers et tombe sur une autre
illustration : Fig. 12. Ouvriers étendant le plâtre
sur le plafond et sur les murs. Armés de truelles, des
hommes vêtus de blouses et juchés sur des planches
supportées par des tréteaux sont dessinés dans les
diverses attitudes correspondant à ces travaux. Ils
sont coiffés de casquettes. L'un d'eux porte sur sa
tête une auge à plâtre de forme rectangulaire. Les
parties du mur et du plafond non encore recouvertes
de plâtre laissent voir les briques et la claie de
roseaux. Sans avertissement, sans le moindre écho
préalable de bataille, proche ou lointain, un siffle-
ment se fait entendre qui grandit rapidement. Un
soldat se précipite dans la pièce par la porte ouverte
et au moment où l'obus éclate il se trouve debout
dans l'encadrement de celle-ci, les deux bras levés,
les deux pieds à quelques centimètres du sol, comme
suspendu en l'air. Un instant, la lueur de l'explosion
(ou celle du soleil qui décline) projette son ombre
distendue et échassière sur le carrelage où il s'abat
au milieu d'une pluie d'éclats de pierres, de morceaux de briques et de tuiles. En fait, c'est le plus

jeune des deux ouvriers qui frappe les coups à la cadence la plus lente, retentissant sourdement. Alors que son compagnon abat peu à peu la cloison, il est occupé à pratiquer une saignée horizontale dans le mur de refend, à peu près à une hauteur de deux mètres, sans doute pour faire place au linteau d'une nouvelle porte. Il a commencé par arracher les deux couches de papier peint superposées dont une longue bande déchirée pend maintenant sur le côté, montrant son envers jaunâtre. Lorsque son outil rencontre une pierre, il fait tomber le plâtre qui la revêt de quelques coups de masse et enfonce ensuite l'outil dans le mortier qui la sertit. Les pierres d'un gris bleuté, ocre ou rougeâtres sont aussi de formes et de dimensions variées, parfois rondes, présentant d'autres fois des plans et des arêtes vives. Quand l'outil est assez enfoncé, l'ouvrier s'efforce de l'ébranler en frappant de sa masse parallèlement au mur sur la partie encore saillante. De gros blocs tombent sur le carrelage avec un bruit sourd accompagné du crépitement d'une pluie de mortier et de petits gravats. Parfois le choc de la masse sur la tête écrasée de l'outil fait jaillir une étincelle. D'autres fois, c'est sa pointe qui heurte un silex et il se répand alors, mêlée à celle de la poussière, une légère odeur de pierre à fusil. Sous les coups qui ébranlent la maison, les décombres et les pierres s'accumulent en tas sur le sol et l'espace s'agrandit. Cependant que l'enfant atteint le bas du coteau, les deux promeneurs qui marchaient en queue (un homme et une jeune femme) se sont attardés (ou se sont laissés distancer). Oubliant de se protéger du soleil, la femme élève inconsidérément son ombrelle qui n'abrite plus son visage, la main droite refermée sur la poignée d'ivoire instinctivement relevée pour compenser l'abaissement de l'épaule gauche et du buste légèrement incliné vers le bas de sa jupe que l'homme accroupi l'aide (ou fait semblant de l'aider) à dégager d'une ronce ou peut-être d'une branche morte cachée par les herbes. Quand il se relève, il jette un rapide coup d'œil aux promeneuses maintenant loin en avant et dit quelque chose à l'oreille de la jeune femme. Sous l'ombrelle cyclamen dont le manche est de nouveau appuyé sur son épaule le visage de porcelaine qui baigne dans son ombre semble rosir encore. La jeune femme dit rapidement taisez-vous vous êtes fou et Évelyne?... Sainte Éveline, Sainte Amandine, Sainte Eugénie, Saint Gratien, Sainte Julie, Sainte Albertine, Sainte Émilie, Sainte Thérèse. Dans le silence qui suit l'explosion de l'obus et la pluie des débris, on peut entendre comme de menus craquements, comme si quelques bêtes invisibles (rats, termites) réveillées par le fracas se remettaient à ronger et grignoter, ou comme si la maison

ébranlée dans ses bases tâtonnait à la recherche d'un
nouvel équilibre, de nouveaux points d'appui. Au
bout d'un moment, alors que l'on a déjà relevé le
blessé, deux ou trois plâtras se détachent du plafond
où une longue fissure est apparue et viennent s'écraser sur le carrelage. Morceaux par morceaux, pans
par pans, la cloison, les couches de papiers aux
couleurs fanées choisis et posés par les anciens
occupants (les vieillards à la peau parcheminée, aux
squelettes maintenant décharnés dans les loques de
leurs habits cérémonieux) disparaissent, s'effondrant
sous les coups de masse ou arrachés brutalement
dans un grand bruit de déchirure et de colle dessé-
chée. Tandis qu'il continue à dessertir les pierres du
mur, le jeune maçon sifflote le refrain d'une chanson.
Parfois il chantonne distraitement les paroles, s'in-
terrompant lorsqu'une difficulté se présente ou quand
un obstacle l'oblige à assener ses coups avec une
force accrue. Une impalpable poussière d'un blanc
jaunâtre stagne en permanence dans le local, impondérable, suspendue dans l'air, renouvelée sans cesse
par les nuages qui tourbillonnent et s'élèvent à
chaque chute de décombres. Sous les touffes poudrées
des cheveux qui s'échappent de leurs casquettes, des
franges de sueur dégoulinent sur les tempes, les
joues des deux hommes et suivent leurs maxillaires,
délayant au passage leurs masques gris. De temps

en temps l'un essuie du dos de la main une goutte
qui tremblote, accrochée aux poils mal rasés de son
menton. Le tireur a cessé de s'intéresser aux illustrations du livre. Par l'échancrure entre la corne du bois
et le flanc du coteau, la vue peut s'étendre sur un
paysage de prés et de champs faiblement ondulés. Au
loin, hors de portée de tir, passent lentement sur une
route des formes grises et massives. Les trois soldats
regardent en silence, retenant leur respiration. La
route est trop éloignée pour que l'on perçoive même
le grondement des moteurs. Soudain une voix altérée
dit Bon dieu ils sont en train de nous tourner ça
recommence qu'est-ce qu'on attend pour on va être
faits comme des rats on va. Puis la voix meurt et
le silence reflue, seulement troublé par le cri sporadique de l'oiseau dans le bois et le gargouillis qui
s'élève régulièrement dans le fond de la pièce du lit
où on a étendu le blessé. Les rayons déclinants du
soleil qui pénètrent par la fenêtre atteignent l'amas
de tissus flasques et verdâtres formé par les sacs à
chargeurs vides dont le contenu a été entassé dans
un coin. Les chargeurs sont constitués par des boîtes
plates, en métal noir et huileux, plus longues que
larges et dont l'un des côtés étroits est légèrement en
biseau. En proie à une visible agitation, la jeune
femme reprend sa marche à pas nerveux, ses longues
jambes entravées par les plis de la jupe. Elle peut

entendre derrière elle la respiration rapide de l'homme qui continue à répéter Écoutez écoutez. L'homme est coiffé d'un panama. Il est vêtu d'un complet d'alpaga de couleur claire et porte une cravate foncée au large nœud. Il tient dans sa main droite la poignée d'une canne d'ébène. La poignée recourbée est en argent ciselé. Sa main gauche serre un journal roulé en flûte. Tout en marchant et sans cesser de répéter Écoutez écoutez-moi, il scande ses paroles en frappant du mince cylindre le côté de sa jambe, comme un cavalier de sa badine. L'ombre des arbres rampe lentement sur le chemin, à mi-distance environ entre la corne du bois et l'automobile abandonnée. Sur la route, au loin, les lourdes formes grises ont cessé de défiler et le paysage est de nouveau absolument désert, sans aucune trace de vie que la traînée de détritus qui suit les légers méandres du chemin. Des prés humides, du côté du ruisseau que franchit le ponceau sur lequel s'amoncellent les machines agricoles enchevêtrées s'élèvent les coassements de quelques grenouilles. Un nouveau venu pénètre dans la pièce et demande d'une voix autoritaire et furieuse si vous n'êtes pas fous ou quoi de laisser cette lumière allumée. L'ampoule s'éteint. Plus aucun gargouillis ne provient du lit où est étendu le blessé. Son corps est parfaitement immobile. Ses chaussures et ses houseaux boueux reposent sur la courtepointe rouge sombre. L'un de ses éperons a déchiré le tissu d'où s'échappe un duvet ou plutôt une bourre grisâtre. De sa main droite le tireur atteint un bocal de fruits au sirop posé à côté de l'arme. Enlevant son casque et appuyé sur un coude, il porte le bocal à ses lèvres et l'incline, s'aidant d'un doigt pour faire glisser les fruits dans sa bouche. Du jus déborde par les commissures de ses lèvres et coule sur son menton. Quand il a fini, il repose le bocal, essuie son doigt poisseux au drap de sa culotte et remet son casque. Comme celui des autres soldats celui-ci a été barbouillé d'une boue jaunâtre pour atténuer la brillance de sa peinture. Une flaque de sirop entoure sur la table la base du bocal et le liquide gluant s'écoule goutte à goutte sur le carrelage. Les promeneurs ont fait halte et se sont assis sur l'herbe. La jeune femme a sorti de son sac deux tranches de pain beurré et une bille de chocolat enveloppées dans un papier soyeux. Là où le beurre a débordé entre les tranches et touché le papier, celui-ci est taché de gris et presque transparent. La petite fille a posé à côté d'elle son bouquet de fleurs et mord alternativement dans une tartine et la bille de chocolat qu'elle tient chacune dans une main. Ses lèvres sont bordées de marron. De temps en temps elle les essuie d'un coup de sa langue rose, tachée aussi de chocolat, et qui va d'une commissure à

l'autre. Les femmes discutent entre elles sur le chemin que l'on suivra au retour en se demandant si
on prendra par la ferme ou par la falaise. La figure
13 porte comme légende : Ouvriers collant du papier
sur les murs d'une chambre. Le texte qui l'accompagne dit Cependant la couche de plâtre bien
uni, qui recouvre les murs, n'est jamais assez résis-
tante pour que le frottement de quelque objet un peu
dur, comme une chaise ou un meuble quelconque, ne
puisse l'entamer; il y aurait donc bientôt des quanti-
tés de raies marquées sur les murs; de plus ces murs,
d'abord très blancs, ne tarderaient pas à être salis et
comme l'eau détériore le plâtre, on ne pourrait pas
les laver. C'est pour éviter ces inconvénients que l'on
colle ordinairement du *papier* sur les murs (fig. 13).
Ce papier protège le plâtre, et quand il est déchiré ou
sali, on l'enlève pour en coller un autre. Le plafond
que les meubles ne touchent pas n'a pas besoin d'être
ainsi protégé; aussi l'on y laisse ordinairement le
plâtre à nu. Il est même préférable de lui conserver
cette teinte blanche qui rend la chambre plus claire.
Sans parler de son utilité, le papier que l'on colle sur
les murs, par les teintes qu'on lui donne, par les des-
sins qui y sont représentés, donne à la chambre un
aspect plus agréable. Elle s'agenouille sur le tapis et
entoure de ses bras le petit lit. Elle se penche sur l'enfant endormie et pose avec précaution ses lèvres sur

son front. Les bords des paupières fermées dessinent deux minces croissants, comme des parenthèses horizontales, au-dessus des joues fraîches. Dans l'obscurité de la chambre, l'oreiller, le rabat du drap font des taches bleuâtres. Elle prend l'un des petits bras et le soulève doucement pour le faire passer sous le drap. Le poignet est marqué par deux plis fins dans la chair drue, comme l'articulation d'une main de poupée. Elle écoute le faible souffle régulier. Quand elle rabat le drap elle sent le souffle sur sa main. Elle entend une chouette hululer dans le parc. Elle se redresse. Elle regarde le petit lit flottant dans la pénombre. Les cheveux, les plis du drap, le rebord du lit dessinent des ombres noires, estompées, comme de larges coups de pinceau sur un fond d'aquarelle où leurs contours se dissolvent. Elle écoute le silence de la maison. Elle se relève, les jambes embarrassées dans sa longue jupe. Elle va jusqu'à la porte et l'entrouvre sur le couloir. Les gonds de la porte grincent légèrement. Elle reste de nouveau immobile à épier le silence. Elle entend son cœur qui cogne dans sa poitrine. Le tireur s'essuie la bouche d'un revers de main et attire à lui une musette posée sur la table non loin du bocal. Il en sort une boîte à cigares en bois au couvercle décoré sur son pourtour d'un galon noir où s'entrelacent deux lignes dorées et onduleuses comme une succession de vagues. Au centre de chaque petite lentille formée entre les courbes opposées (dos et creux) se trouve un point doré, comme une pupille. Les petits yeux à la cornée noire et à l'iris métallique forment une chaîne ininterrompue. Le mot CLARO est peint au pochoir, de biais et à l'encre noire sur la planchette qui forme le fond de la boîte, striée de veines fines comme des cheveux. A cheval sur le plat et l'un des côtés est collée une image où l'on peut voir de petits personnages (un cavalier, quelques passants), un fiacre, un tombereau, devant une façade aux hautes arcades (baies?) couronnée par une balustrade et un fronton arrondi sur lequel flotte un drapeau rouge et jaune. Le sol de la place est ocre clair, rosé, la façade, prolongée sur la droite par un bâtiment monotone, comme le mur d'une fabrique, d'un ocre plus soutenu. Le tireur ouvre la boîte et prend un cigare. Le chant des petites grenouilles se fait plus bruyant. Juchés sur des échelles, des hommes revêtus de longues blouses et coiffés de casquettes appliquent sur les murs les larges bandes de papier qu'ils tiennent à bout de bras devant eux et sur lesquelles ils passent ensuite un pinceau plat. L'un d'eux enduit de colle l'envers d'un rouleau posé sur une table à tréteaux. Sur le papier sont représentés de grands coquelicots (pavots?) d'un rouge passé disposés en quinconce, inclinés tantôt dans un sens

tantôt dans l'autre, devant un fond de fines rayures
tilleul et vermillon pâle. Leurs longues queues velues
ondulent au-dessous d'eux comme s'ils flottaient sans
poids dans une eau rosâtre. L'une des langues triangulaires qui pendent à moitié décollées démasque,
adhérant encore au plâtre, le papier qui décorait
antérieurement la chambre, bleu roi et vert. Par
l'effet d'un coup mal ajusté la masse glisse sur la
tête écrasée de l'outil et elle érafle l'articulation du
pouce. La chanson s'arrête net et l'ouvrier étouffe
un juron. Il lâche son outil planté dans le mur et
regarde son pouce où, pour le moment, on ne distingue sous la couche de poussière qu'un bourrelet
de peau. Assez rapidement, cependant, le sang commence à sourdre et s'accumule, le teintant d'un gris
noirâtre. L'ouvrier ne perçoit encore que l'engourdis-
sement provoqué par le choc. Il porte son pouce
replié à ses lèvres et suce la blessure. Quand il
regarde de nouveau, la zone nettoyée par sa langue
apparaît, d'une couleur saumonée, entourée de
blanc. Par contraste, la lamelle de peau soulevée,
maintenant lavée, est d'un jaune sale, comme sans
vie, déjà morte. Il suce de nouveau l'articulation. Au
passage de sa langue sur la blessure il éprouve un
picotement râpeux. Assis lui aussi dans l'herbe, le
dos contre le tronc d'un prunier et les jambes écartées en V, l'homme reste silencieux et s'amuse à fau-

cher de sa canne les tiges des ombelles entre ses
pieds. L'air siffle au passage rapide de la baguette
d'ébène. De temps à autre il jette un rapide coup
d'œil en direction de la jeune femme qui semble
l'ignorer et s'occupe exagérément, avec des gestes
nerveux, du goûter de l'enfant dont elle essuie sans
cesse les lèvres grasses de beurre et de chocolat mêlés
avec le reste du papier de soie roulé en boule. La
lumière de la faible ampoule l'éclairant insuffisam-
ment, le jeune maçon se tourne vers la fenêtre pour
mieux voir. De près, la peau grisâtre ressemble au cuir
d'un pachyderme, striée dans la largeur du doigt de
crevasses à peu près parallèles dont certaines se
courbent et convergent à leurs extrémités. La plaie
encore rose se teinte peu à peu de rouge. La chair à
vif est d'une matière pelucheuse. Il approche de
nouveau son pouce de ses lèvres, soulève avec sa
langue la lamelle de peau arrachée et la tranche
de ses incisives aussi ras qu'il le peut. Sous ses dents
il peut entendre crisser la peau morte et ses dents
s'entrechoquent. Il recrache le bout de peau. La
blessure saigne faiblement. Une sensation de brûlure
s'irradie à partir de l'articulation. Le bras gauche
pendant le long du corps, l'ouvrier recommence à
frapper de sa masse sur la tête de l'outil, déjà suffisamment enfoncé et qui tient de lui-même. De temps
en temps il porte son pouce à sa bouche. Au bout

d'un moment la blessure cesse de saigner. Lorsque l'enfant a fini son chocolat, la jeune femme fouille dans son sac d'où elle extrait une orange qu'elle entreprend de peler. La peau découpée en lanière pend en dessinant une spirale qui s'allonge progressivement. Au-dessous apparaît une couche duveteuse d'un jaune très pâle qui se fonce aux endroits où la lame du couteau laisse subsister des épaisseurs. A la fin, la lourde spirale étirée, à la fois rugueuse et vernie d'un côté, pelucheuse de l'autre, tombe dans l'herbe. L'homme a cessé de faucher les fleurs de sa canne et mâchonne une tige entre ses dents. La jeune femme achève de nettoyer délicatement la fine membrane qui recouvre les côtes bombées, transparente et gonflée de jus, rose-orange ou plutôt mandarine. Elle sépare les côtes des deux pouces. Leur peau éclate parfois, laissant voir la chair fibreuse dont le jus coule sur ses doigts qu'elle tient écartés pour les salir le moins possible, le petit doigt en crochet. L'odeur de l'orange est plus forte que celle de l'herbe chauffée par le soleil. Elle introduit l'une après l'autre les côtes entre les lèvres de l'enfant sous le menton de laquelle elle tient son mouchoir. La dernière côte disparue, elle essuie encore une fois les joues, les lèvres et les mains de l'enfant, puis ses propres doigts, et remet le mouchoir dans son sac. Pendant tout ce temps elle n'a pas regardé une seule fois en

36

direction de l'homme toujours assis au pied du pommier et qui l'observe à la dérobée. Les ronflements du cavalier ivre continuent à s'élever avec régularité dans l'énorme silence qui retombe après l'assourdissante série d'explosions. Contre l'épaule du tireur les saccades tressautantes de la crosse ont cessé. Il se dégage de l'arme échauffée une odeur âcre et rance d'huile brûlée. Le tireur reste immobile et crispé, le doigt toujours sur la détente, fixant avec le chargeur qui se tient à ses côtés la corne du bois. Au bout d'un moment le tireur se détend un peu, dit merde alors le salaud et est interrompu par l'irruption dans la pièce d'un personnage casqué lui aussi qui crie quel est le con qui a tiré c'est ici qu'est-ce qui vous prend bande de le capitaine. Le tireur roule légèrement sur le côté et tourne la tête en arrière en s'appuyant sur son coude droit tandis qu'il pointe son bras gauche vers la fenêtre. Il dit c'est moi j'ai. Elle descend l'escalier en s'arrêtant à chaque marche. Elle fait attention de poser son pied tout près du mur. Elle traverse le dallage du vestibule sur la pointe des pieds. Elle ouvre la porte d'entrée juste assez pour se glisser dans l'entrebâillement. Elle la referme avec précaution. Son cœur bat toujours violemment dans sa poitrine. Elle traverse la terrasse et descend les trois marches du perron. Elle s'arrête, appuyée à la balustrade. Elle peut sentir l'odeur poivrée des géraniums.

Elle jette un rapide coup d'œil vers les fenêtres obscures au-dessus d'elle. Elle remonte les marches, rouvre la porte avec les mêmes précautions et se retrouve dans le vestibule. Elle dit à voix basse je suis folle je suis folle je suis folle. Elle traverse le vestibule de nouveau sur la pointe des pieds et longe à tâtons le couloir. A chacun de ses pas les plis de sa robe à l'ample jupe font entendre un bruissement rêche, énorme dans le silence. Elle pénètre dans la cuisine noire. En passant près de l'évier sa hanche accroche quelque chose qui tombe et se fracasse bruyamment sur le carrelage. Elle s'immobilise, haletante. Elle écoute. Au bout d'un moment elle se remet en mouvement. Le maréchal des logis crie je me fous de tes explications espèce de con vous n'êtes pas foutus de comprendre un ordre ou quoi? A mesure qu'il avance dans la lumière on distingue mieux ses traits. Son casque est lui aussi barbouillé de boue mais son uniforme et ses cuirs sont propres. Il est aussi très jeune, comme les soldats, et comme eux exténué, dans un état de nervosité et de tension que la grossièreté de ses propos dissimule mal. Entre la visière du casque et la jugulaire, son visage chiffonné aux yeux saillants semble écrasé, pas plus gros qu'un poing et parsemé de boutons violâtres. Personne ne répond. L'ivrogne continue à ronfler. Le maréchal des logis regarde vers le lit et dit qui c'est

celui-là encore il est saoul? Bon dieu qu'est-ce qui.
Le chargeur dit il est pas saoul il roupille c'est pas
la peine d'être quatre à. Le maréchal des logis dit
pas saoul mon cul et ce litron je ferai un rapport
compte sur moi si tu nous as fait repérer. Le chargeur dit repérer merde avec cette connerie de barricade à la con ils sont pas aveugles non et cet obus
tout à l'heure c'était pour. Le maréchal des logis crie
c'est toi qui commandes l'escadron ou qui? La fatigue
sans doute, ou le manque de sommeil, ont provoqué
un éclatement des vaisseaux qui irriguent la cornée
et celle-ci est envahie à partir du coin de l'œil par un
réseau de veinules rouges qui vont se ramifiant,
comme des racines, vers l'iris. L'iris lui-même est
d'une couleur jaune, comme du pus. Sous le col et la
cravate réglementaire, son cou est encore entouré
d'une seconde cravate ou plutôt d'un pansement
comme en portent les furonculeux et qui le force à
tenir sa tête avec raideur. Avec ses gros yeux injectés
de sang, sa tête minuscule, ses croûtes violacées, sa
mâchoire aux dents mal plantées, son air de voyou
souffreteux, il ressemble à une furibonde et carica-
turale incarnation de l'impuissance et du désarroi.
Il crie encore le plus grossièrement qu'il peut vous
faites tous dans votre froc ou quoi? Le plus âgé des
deux ouvriers s'est installé pour manger, assis sur
une planche, le dos au mur. Entre ses jambes écar-

tées et à demi repliées, il a posé sur un socle formé de briques superposées une gamelle rectangulaire provenant des surplus de l'armée, comme d'ailleurs la musette d'un vert-gris d'où il l'a extraite. Il plonge une fourchette d'étain dans la gamelle qui contient un mélange froid, visqueux, de haricots et de viande filandreuse. Il porte ce qu'il a piqué de sa fourchette dans sa bouche, rompt un morceau de pain qu'il enfourne aussitôt après et mastique longuement, les yeux fixés devant lui sur le vide. Elle tâte du pied autour d'elle et entend craquer les débris du verre. Elle délimite ainsi à peu près la zone où ils sont éparpillés. Elle cherche dans le noir pour trouver le balai. Elle le passe à l'aveuglette et entend les morceaux de verre qui crissent sur le carrelage. Le manche du balai cogne contre le pied de la table. Elle s'immobilise de nouveau, attend, puis se remet au travail. Elle pousse l'amas de débris sous l'évier. Il lui semble encore voir briller quelque chose par terre. Elle se baisse et passe sa main sur les carreaux. Elle sent une brûlure à son doigt. L'air aspiré violemment siffle entre ses dents serrées. Elle fait hffffffiii... quand ses doigts rencontrent le minuscule éclat de verre enfoncé dans sa chair. Elle le retire et le jette aussi sous l'évier. Elle ouvre tout doucement le robinet et fait couler un filet d'eau sur son doigt. Elle ferme le robinet et suce son doigt. Elle cherche à nouveau le balaı et le range à sa place. Elle écoute encore. Elle gagne la porte de la cuisine et sort dans la nuit. De ce côté elle sent l'odeur des foins coupés mêlée à celle des prés. Tout en surveillant les fenêtres obscures au-dessus d'elle, elle marche lentement sur le gravier. Dès qu'elle sent la consistance moelleuse de la pelouse sous son pied elle jette un dernier regard à la maison et se met à courir. Le chargeur dit on les a vus passer là-bas sur la route ils sont en train de nous tourner pourquoi qu'on. Le maréchal des logis dit ou plutôt crie Quand on recevra l'ordre de décrocher tu partiras c'est pas moi qui décide! Du côté opposé au lit, la voix geignarde aux accents faubouriens du pourvoyeur s'élève et dit comme des rats on va être faits comme des rats on va crever là comme. Le maréchal des logis dit l'air ennuyé on attend la nuit. La même voix maintenant furieuse s'élève d'un degré et dit la nuit vous parlez merde i nous ont déjà tournés on. Le maréchal des logis crie bande de ça suffit et réveillez-moi cette paillasse si le capitaine s'amène. Le pourvoyeur dit merde y a cinq jours qu'on dort pas sans blague i fait rien de mal non on n'a pas le droit de. Le maréchal des logis marche jusqu'à la bouteille vide dans laquelle il donne un violent coup de pied, l'envoyant cogner contre le mur qu'elle frappe sans se briser et revient en roulant vers lui sur le carrelage comme guidée par quelque facétieuse loi d'attraction. Les promeneurs marchent maintenant dans un étroit chemin entre un pré où paissent des vaches et un champ de betteraves. Le chemin s'élève en pente légère. Le chapeau de paille de la petite fille qui marche en tête se détache sur le ciel. La paille prend une couleur citronnée et un vent aux senteurs d'iode fait claquer les extrémités bifides du ruban qui entoure le canotier. On ne peut pas voir sa robe dans l'obscurité du parc. Son visage et ses mains font trois taches claires qui dansent dans la nuit. Elle dévale la pente de la pelouse. La chouette pousse son cri dans les arbres. Elle cesse de courir et se retourne encore vers la maison qui sur le sommet de la colline se confond presque avec le ciel noir. Affolé par la course, son cœur bat de plus en plus fort. Elle attend un moment qu'il s'apaise. Elle peut sentir la brûlure à son doigt où la douleur afflue au même rythme que les pulsations du sang dans ses veines. Elle repart et pénètre dans le bois. A mesure que vont et viennent les mâchoires du vieil ouvrier, les saillies qui gonflent alternativement ses joues mal rasées diminuent de volume jusqu'à ce que sa pomme d'Adam s'élève et s'abaisse une dernière fois. Il saisit alors de sa main gauche la bouteille posée à côté de lui et boit au goulot en renversant la tête en arrière. De nouveau la pomme d'Adam s'élève et s'abaisse. Il repose la bouteille, s'essuie la bouche d'un revers de main et dit quelques mots à l'autre ouvrier assis contre le pied du mur. Sa voix enrouée aux accents faubouriens résonne en se répercutant sur les parois du local vide. Le maréchal des logis marche vers le lit et secoue le dormeur qu'il a saisi par les épaules. Le ronflement s'interrompt et fait place à des grognements inarticulés. Le dormeur repousse le maréchal des logis et se tourne en chien de fusil contre le mur. Le maréchal des logis le tire alors violemment par un bras et le fait tomber à bas du lit. Le dormeur grommelle des injures et lance à l'aveuglette un coup de pied qui frappe le maréchal des logis à la cuisse. Le maréchal des logis lui envoie plusieurs coups de pied dans les côtes en jurant. Le dormeur ouvre les yeux, regarde avec ahurissement le maréchal des logis, dit merde alors, essaye de se remettre debout, retombe et reste à moitié couché par terre, la tête appuyée contre le bois du lit, le menton touchant la poitrine, les deux jambes étalées, écartées en V, les pieds aux talons prolongés par les éperons formant un angle très ouvert, cependant qu'il fixe le maréchal des logis d'un regard vide. Le maréchal des logis renonce, se tourne vers les autres qui ont suivi la scène des yeux sans rien dire et crie avec une sorte de désespoir Et comment qu'il tiendra seulement à cheval celui-là s'il faut que Merde de merde

où c'est que vous avez trouvé ce pinard pillez tout
hein et ces deux poules d'où elles sortent d'abord
c'est interdit de faire du feu. Merde piller tout, dit
la voix aux accents faubouriens, pour ce qu'on
trouve merde les types de la coloniale ont déjà tout
nettoyé et comment qu'on bouffe alors? Le maréchal
des logis fait brusquement demi-tour et sort de la
pièce en marmonnant des paroles furieuses et inintel-
ligibles. La petite fille se met à courir avec surexci-
tation et s'arrête brusquement, rappelée par la voix
alarmée de la jeune femme. Sa silhouette tout
entière se découpe sur le ciel. Le vent tend presque
à l'horizontale les queues de son ruban collées maintenant l'une à l'autre et parcourues de rapides ondulations. Sans avertissement, sans aucun craquement
préalable (ou si précipités et rapprochés que leur
crépitement accéléré se confond avec le fracas qu'il
précède), un pan entier du plafond se détache et se
rabat contre le mur de gauche en pivotant comme
sur une charnière autour de l'arête du dièdre qu'il
forme avec lui. Un épais nuage de poussière fuse de
sous les décombres, d'abord à ras du sol, puis s'élève
en tournoyant, emportant les plumes des deux poules
qui tourbillonnent comme des flammèches. Il emplit
la pièce, où pendant un moment on ne distingue plus
rien, avant de retomber lentement. A mesure qu'il se
dissipe, on peut voir la claie de roseaux dont l'un des

côtés pend contre le mur de refend sans toutefois le toucher complètement, l'autre adhérant encore à une poutre, et son bord déchiqueté s'incurve suivant une ligne en forme d'S étiré. Des fragments de plâtre restent accrochés aux roseaux brunâtres et à demi pourris. A l'extrémité d'une latte cassée, l'un d'eux se balance dans le vide, comme un pendule. Peu à peu les périodes d'oscillation diminuent et il reste immobile. La pièce toute entière, les murs, les meubles, ses occupants (et non plus seulement le blessé) sont recouverts d'une impalpable couche de poussière grise, comme une peinture, comme si soudain un film en couleur passait au noir et blanc ou plutôt à l'absence de couleurs, au gris, l'uniforme pellicule gommant à la fois ombres et lumières de sorte que le tableau ressemble à un de ces fades camaïeux exécutés sur un papier de couleur plombée et que ne relèveraient même pas les habituelles touches de gouache. La voix geignarde du pourvoyeur s'élève et dit mince alors un peu plus je prenais tout sur la gueule y a pas une minute que j'étais assis là si j'étais pas sorti pour pisser je. Sans l'écouter, le tireur enlève son casque et le cogne contre le rebord de la table, puis s'essuie le visage à l'aide d'un mouchoir sale avec lequel il époussette ensuite son arme, mais la poussière agglutinée à l'huile reste collée sur l'acier. Il fouille alors dans une trousse d'où il sort un chiffon graisseux, se ravise, regarde autour de lui et va ramasser dans un coin de la pièce un vieux journal dont il déchire une page. A l'aide du papier froissé en bouchon il essuie minutieusement la culasse, le canon, la mire et le tube des gaz. Quand il a fini, il parfait son travail avec le chiffon qu'il passe dans les gorges et les recoins du métal noir et huileux. La page de journal déchirée, roulée en boule et froissée, se décomprime lentement, puis ne bouge plus. Elle présente un réseau de plis en éventail, tachés d'une salissure marron, plus épaisse et opaque le long des arêtes de triangles irréguliers dont les côtés s'entrecroisent. Dans la bouteille qu'a reposée l'ouvrier une fine écume violette reste accrochée aux parois vert pâle du cylindre autour du disque formé par la surface du liquide. Reflétant la lumière qui vient de la fenêtre, celle-ci luit d'un éclat bleuté. Les deux ouvriers continuent à mastiquer dans le silence. Chaque fois que l'un d'eux ouvre la bouche on entend un faible bruit de choses gluantes qui se décollent. Elle marche dans le bois. Plus bas, elle peut entendre les grenouilles. Elle peut distinguer la dentelle noire et déchiquetée des feuillages sur le ciel moins noir. Il passe soudain au-dessus d'elle dans un vol horizontal, énorme, ténébreux, les deux ailes étalées, concaves, battant lentement, silencieux comme du velours. Elle tressaille. Elle reprend sa marche.

EXPANSION

Une branche morte craque sous son pied. Elle voit alternativement ses mains claires de chaque côté de son corps. Elle sent la brûlure à son doigt. Elle porte la main à sa bouche et le suce. Le hibou hulule. Le tireur enlève et remet plusieurs fois le chargeur pour s'assurer que celui-ci n'est pas faussé. Pour le retirer, il repousse du plat de la main le haut du chargeur en avant et le fait basculer. Pour le replacer, il tient le chargeur penché en avant de façon à engager sa base dans le cran ménagé comme une charnière au-dessus de l'ouverture de la culasse, puis enfonce sa partie arrière. Lorsqu'il juge que tout est en ordre, il avise le bocal de fruits au couvercle ouvert. Sur la surface du sirop flotte une pellicule de poussière, comme une taie. Il essaye d'abord de la faire glisser en inclinant le bocal, mais elle reste sur place, horizontale, et le jus s'écoule par-dessous. Il essuie alors soigneusement les bords du bocal, après quoi, introduisant deux doigts à l'intérieur, il repêche un gravat poisseux qu'il jette par la fenêtre. Il essaye encore de repêcher d'autres fragments de plâtre plus petits, de la grosseur environ d'une noisette, mêlés aux fruits, puis y renonce. Il essuie ses doigts dégouttants de sirop, saisit la boîte à cigares et, la tenant d'une main, il passe sur le couvercle le revers de sa manche. La façade ocre, le ciel bleu, le drapeau rouge et jaune et les petits personnages, promeneurs, chariots, calèches qui animent la place devant la fabrique de tabacs réapparaissent. Enfin c'est au tour du livre, resté lui aussi ouvert, que le tireur frappe contre sa cuisse d'où s'élève un nuage de poussière. La voix geignarde et indignée répète tu te rends compte y a pas une minute j'étais. Le chargeur dit oh ta gueule, et après s'être lui-même tant bien que mal essuyé les yeux et le visage monte sur la table où debout, armé de son mousqueton qu'il tient par le canon, il s'efforce de faire tomber quelques morceaux de plâtre à demi détachés, adhérant encore aux bords déchiquetés de la partie de la claie qui a tenu bon. Le vent plaque la jupe de la fillette contre ses cuisses et la fait claquer derrière elle comme un drapeau. Sur le bleu vaporeux du ciel sa robe paraît presque blanche. Elle porte des bas orange et une large ceinture réséda qui passe très bas, presque sous son ventre, et se relève sur ses reins, serrée par un nœud aux coques volumineuses que le vent froisse aussi. Le bouquet de scabieuses est d'un mauve pâle. Elle a aussi cueilli quelques coquelicots qui pendent, déjà flétris. 14. COMMENT ON FAIT LES PLAFONDS. Entre les poutres sont posés des *chevrons* qui sont de petites poutres d'une section plus étroite et d'une longueur qui permet d'aller d'une poutre à l'autre. Parfois le plâtre du plafond est étalé directement sur ces petites poutres ou chevrons, et les grosses poutres restent alors apparentes. D'autres fois on cloue au-dessous de celles-ci des *tasseaux* qui soutiennent une *claie* faite de roseaux fendus entrecroisés ou assemblés parallèlement les uns aux autres par du fil de fer. C'est sur ce support que l'on étale alors le plâtre du plafond et de cette façon les grosses poutres ne sont plus visibles. Le tireur est interrompu dans sa lecture par les deux autres cavaliers qui sous la direction du maréchal des logis ligotent un matelas sur le vantail de gauche de la fenêtre. L'enveloppe du matelas est faite d'une toile à petits carreaux bleu pâle, bleu foncé et blancs. Une large tache d'un rouge foncé, visqueuse et brillante, s'étale à peu près au milieu du matelas. Sur les indications du maréchal des logis, les deux cavaliers font en sorte que le matelas, plus large que le vantail, déborde sur l'embrasure de la fenêtre. Quand le maréchal des logis a quitté la pièce, le tireur désigne aux deux autres la tache d'un mouvement du menton et dit vous auriez au moins pu le tourner de l'autre côté. La voix du pourvoyeur s'élève alors et dit dans un ricanement l'autre côté con y en a encore plus i s'est vidé comme un goret ça a tout traversé tu piges pas? Une odeur fétide et tiède qui se mêle aux relents d'huile d'arme et de plâtre moisi stagne maintenant dans la pièce aux meubles et aux occupants uniformément recouverts de gris. Le tireur dit bon dieu qu'est-ce qui pue comme ça c'est pas possible il y a un rat crevé ou quoi? La voix faubourienne s'élève avec une sorte de fureur joyeuse et dit de la merde c'est ça que ça schlingue t'as pas vu où il a morflé? Au bide. Et dans le bide qu'est-ce que t'as? De la merde Toto, tu sais pas ça? Tant qu'il y avait la couverture ça sentait pas trop mais quand on la lui a enlevée putain y avait de quoi tomber à la renverse. De la merde de la merde et nous qu'est-ce qu'on est d'autre nous hein qu'est-ce qu'on est d'autre tu peux me le dire à attendre ici de crever quand en ce moment y en a qui pêchent tranquillement à la ligne ou qui trempent leur biscuit ou qui. Ni le tireur ni le chargeur ne l'écoutent. Au-dehors les ombres s'allongent. Celle du petit bois atteint presque la barricade élevée sur le ponceau. La couleur des nuages se modifie lentement. Le soir tombe. Elle sort du bois. L'obscurité est différente, non qu'elle diminue sensiblement, mais comme si elle changeait de nature. Ou d'odeur. Elle peut maintenant sentir de nouveau le parfum tiède des foins. Elle tord ses pieds dans les ornières du chemin ou plutôt les profondes empreintes laissées par les sabots des vaches dans la boue séchée. Elle s'arrête, sautillant sur un pied et se tient la cheville. Elle écoute. Elle entend le bruit de sa respiration et de toutes parts le chant monotone et infini des criquets. Elle repart.

EXPANSION

Les formes noires des haies et des arbres bougent autour d'elle. Comme la voix geignarde et indignée du pourvoyeur recommence à répéter mince c'était moins cinq pour ma pomme j'étais juste assis là où qu'est tombé tout ce paquet regarde les chargeurs maintenant sous quoi ils j'aurais, le chargeur cesse de frapper le plafond de la crosse de son mousqueton, se retourne et crie Un peu plus t'étais là un peu plus t'étais mort t'es toujours un peu plus qu'à l'endroit où ça tape c'est toujours moins cinq pour toi tu nous les casses à la fin si t'es tellement verni je vois pas pourquoi que tu t'en fais puisque c'est toujours moins cinq pour toi fous-nous un peu la paix tu veux ferme-la cinq minutes on n'entend que toi ferme-la ferme-la FERME-LA !, puis il reprend son travail en continuant à jurer. Le tireur a enlevé l'arme de sur la table. Quelques épaisses plaques de plâtre tombent sur le plateau de bois et sur le carrelage où elles se pulvérisent en projetant tout autour d'elles de petits éclats qui dessinent les rayons irréguliers d'une étoile. A la fin, les deux hommes font tomber de la table les derniers gravats et le tireur réinstalle son arme dont il règle à nouveau la béquille calée sur un livre. La voix du pourvoyeur continue à marmonner dans le coin tandis qu'il s'occupe de dégager les sacs à chargeurs. Quand elle voit tout près dans l'obscurité la pastille incandescente du cigare elle a comme un haut-le-corps, un recul, comme quelqu'un abusé par quelque illusion d'optique et se heurtant tout à coup à un obstacle prévu mais dont il a mal apprécié la distance comme de ces bateaux au loin sur la mer et soudain (parce qu'on a cessé de les suivre des yeux et quoique l'on sache que leur immobilité n'est qu'apparente) tout proches. La barque de pêche est maintenant au-dessous d'eux et longe le pied de la falaise. A travers l'eau transparente, couleur d'huître, on peut voir son ombre qui se déplace rapidement sur le fond de roches, le champ chaotique de ruines englouties. Le vent iodé joue avec le long voile vert qui entoure son canotier et le lui plaque sur le visage. Elle l'écarte de la main. Le vent le replaque avec une mèche de cheveux. Loin devant la robe claire de la petite fille court sur le chemin en haut de la falaise qui s'abaisse dans une déclivité, précédant les deux ombrelles qui oscillent en sens contraires comme des fleurs. Sur la falaise il n'y a pas de coquelicots. Elle entend sa voix. Il se détache de la barrière et s'avance vers elle, noir dans le noir, précédé de la tache rouge du cigare qui semble suspendue dans la nuit. Elle entend comme venant d'ailleurs sa propre voix qui dit tout d'un trait très vite je vous en prie non je ne suis venue que pour vous dire que Il faut que je reparte je dois elle n'est pas bien non pas malade je veux dire c'est la mer ça

lui fait toujours cet effet surexcitée tous les enfants
l'iode je ne veux pas qu'elle se réveille dans le noir
non je vous en prie je ne suis venue que parce que je
vous l'avais promis juste pour vous dire que Non ne
me t. Le chant des grenouilles est plus fort que celui
des criquets. Elle dit ce voile je ne sais pas comment.
Elle rit nerveusement. Elle dit je vous en prie regardez elles se retournent elles nous at. Elle crie Voilà
voilà! Son cœur bat violemment dans sa poitrine.
Assis à même le carrelage, le dos contre le mur, les
jambes écartées et à demi repliées, le pourvoyeur
examine les chargeurs qu'il a dégagés de sous les
décombres du plafond. Certains ont reçu un choc et
sont faussés. Il en sort les cartouches qu'il peut récu-
pérer et dont il regarnit des chargeurs vides. Il
complète les charges en puisant dans un petit amas
de cartouches en vrac entre ses jambes, entouré de
petites boîtes de carton gris déchirées. Roulant sur
elles-mêmes en décrivant un arc de cercle, quelques
cartouches se sont éparpillées çà et là. Sans se lever,
il les atteint d'un pied et les ramène vers lui. Les
douilles luisent dans l'ombre d'un éclat cuivré. Il
introduit l'une après l'autre les cartouches dans la
gorge qui s'ouvre à la base du chargeur. Chaque fois
la résistance du ressort qu'il comprime se fait plus
grande et il doit forcer avec son pouce. Se servant de
la crosse de son mousqueton comme d'un balai, le

chargeur finit tant bien que mal de repousser les plus gros des gravats contre le mur. Il s'arrête pour regarder la reproduction punaisée entre la fenêtre et le buffet dont l'une des portes à demi arrachée pend de guingois. Sur le papier pelucheux et verdâtre où l'image est collée, on distingue encore, en haut, des caractères autrefois dorés, imprimés en creux et formant le mot L'ILLUSTRATION. Sous les roches violettes environnées d'écume et battues par les vagues aux reflets glauques, bronze et roses, il épelle lentement la légende : Claude Monet — EFFET DU SOIR. On entend les cris rauques des mouettes qui tournoient, montent et descendent sur place parmi les embruns. Décroché du mur par un paquet de plâtre, le calendrier est tombé sur le sol. Les promeneuses aux ombrelles couleurs de fleurs qui folâtrent sur la pente ensoleillée du coteau sont à demi ensevelies sous les décombres. Par endroits apparaissent encore les noms de quelques fêtes imprimés en capitales rouges : Cendres, Rameaux, Passion, Défunts, Victoire. Quand il a fini de remplir les chargeurs, le pourvoyeur masse son pouce en maugréant. Sa voix aux accents faubouriens poursuit une espèce de monologue ininterrompu, sur un ton monocorde dont elle se départit à peine à certains moments où elle s'élève, furieuse, pour retomber ensuite, marmonnant, comme s'il parlait moins

pour les autres que pour lui-même. Dans le silence
de la pièce qui s'assombrit peu à peu, elle semble,
avec les répétitions monotones des mêmes jurons, sa
rage impuissante, ses brefs éclats, comme quelque
chose de crépusculaire, d'irréel, comme si, avec le
chant sporadique de l'oiseau au-dehors, elle rendait
plus sensibles encore le silence, la pénombre où
s'épaissit entre les quatre murs et sous le plafond
déchiqueté cette tenace puanteur particulière aux
désastres, d'une consistance pour ainsi dire palpable,
grise.

DIVERTISSEMENT I

...tout ça pour quoi tu peux me dire alors y a plus qu'à attendre que l'autre moitié du plafond dégringole et puis les murs et puis le toit et nous dessous de profundis amen comme ça au moins on en aura fini y a des moments où je me dis que Mimile il a eu de la veine d'y passer le premier jour il a même pas eu le temps de comprendre ce qui lui arrivait un vrai bonheur quoi plus de mal que de peur comme on dit puisque maintenant c'est le monde à l'envers et l'autre mal-blanc qui vient encore nous engueuler qui est-ce qui a tiré qui est-ce qui a tiré la ramenait pas si fort hier quand ces enfants de salauds se sont mis à nous canarder de sur la route et alors vas-y fonce que je te galope sans même regarder si ça suivait on voyait plus que son putain de cul tellement i s'aplatissait direction le petit bois qu'il braillait tu parles le petit bois merde suffit qu'i z en repèrent un pour que chaque fois i foncent y lâcher

LEÇON DE CHOSES

une dégelée de leurs putains de bombes vise le petit
bois qu'i doit dire le pilote sûr que ça grouille de ces
connards là-d'dans et vas-y que je t'appuie sur le
levier ou le bouton je sais pas avec quoi ils les
lâchent un vrai plaisir qu'est-ce qu'on a pris mince
le tiers du peloton d'un coup Rrraoum badaboum
bravo à votre bonne santé merde i seraient payés
lui et les autres pour nous faire tous bousiller en
gros et en détail qu'i feraient pas mieux et maintenant qu'est-ce qu'on fout là hein attendre comme
des cons bien gentiment jusqu'à ce qu'i y en ait un
en train de se baguenauder là-haut qui dise encore
à son copain vise le petit bled parce que c'est plus
le petit bois maintenant c'est le petit bled alors vise
le petit bled là en bas avec leur barricade à la con ça
doit encore être plein de ces andouilles appuie sur
le machin badaboum et après on rentre se taper
l'apéro pasque moi je vous le dis c'est comme ça que
ça va se passer avant qu'i soye longtemps ou alors i
vont te nous arroser avec leurs 77 comme celui
qu'est tombé tout à l'heure kes'tu te figures que
c'était comme ça au hasard pasqu'un gars a tiré par
erreur sur la ficelle au lieu de la chaîne des chiottes
t'as jamais entendu parler d'un réglage de tir si ça
se trouve on est juste dans l'azimut si ça se trouve y
en a déjà un de pointé dans le bois que t'y vois que
dalle derrière les taillis et les gars en train de te

reluquer dans le collimateur en se marrant pendant
que tu suces tes pêches mais non faut qu'on reste là
à les regarder défiler comme au quatorze juillet où
tu crois qu'i z allaient les gaziers dans leurs chars
à bancs au goujon peut-être ou tirer les moineaux à
coups de grosse bite putain quand c'est arrivé j'ai
cru que toute la baraque me pétait dans la gueule
les moellons les poutres la plomberie zinguerie
complète comment j'y suis pas passé je me le
demande encore pour le coup merde alors oui
c'était moins cinq marre-toi toujours con et quand je
me ramasse et que je regarde où qu'était Mimile
c'était plus rien que de la bouillie lui qui me causait
encore pas trois secondes plus tôt de la purée
l'aurait fallu une petite cuillère pour récurer ce qui
en restait comme des cons de rats qu'on est faits
moi je dis la gueule ouverte et les pieds dans un
bain de moutarde tous tant qu'on y est ce coup-ci
c'est la fin et cette autre gueule de raie de colon que
c'est la première fois qu'on le voit depuis que ça
tabasse et qui se pointe ce matin pour nous dire
comme ça qu'est-ce qui m'a foutu une bande de
dégoûtants pareils vous êtes sales vous êtes pas rasés
vous êtes ci vous êtes ça vous avez une tache de
boue là sur votre culotte vos pédales sont rouillées
regardez votre mors vos cuirs et mon cul c'était
moins cinq que je lui dise et mon cul il est rouillé?

qu'on a même plus le temps de chier qu'à peine tu commences à baisser ton froc ça se met à taper de tous les côtés tu sais plus d'où ça t'arrive d'en haut d'en bas des gros des petits des moyens c'est pas le choix qui manque le plus dégueulasse c'est peut-être encore leurs saloperies de mortiers ceux-là je les retiens et puis hein chier quoi depuis cinq jours qu'on n'a plus vu la roulante et que tout ce qu'on bouffe c'est ces saloperies d'abricots et de poires au sirop pasque c'est tout ce que ces putains de biffins ont laissé avant de se tirer fissa pas si cons eux y a beau temps qu'i z ont mis les bouts vider les pla- cards et puis bonsoir quand j'en retrouverai un moi de ces enfoirés de cuistots mince la dernière fois qu'i sont venus avec leur putain de camion i faisaient tous tellement dans leurs frocs qu'i n'avaient qu'une idée repartir à toute biture c'était tout juste s'i nous balançaient pas les percos sur la gueule Allez allez dépêchons qu'i criait c't enculé de Dudule il était tellement occupé à reluquer le ciel qu'i regardait même pas comment i te les passait dépêchons dépê- chons dépêchons bougre d'enculé i paraît qu'i z ont pris une de ces merdes de bombes en plein sur le trognon juste au retour bravo au moins celle-là elle a pas été perdue bien fait pour leur poire si je connaissais le gars qui a réussi ce carton j'irais lui serrer la cuillère bon travail Toto la croix de fer

avec palmes j'y cloquerais au mec toute l'équipe de
la roulante comme ça hop d'un coup hachis Par-
mentier cramés enlevez servez chaud salauds de
planqués à se branler les couilles et à se goinfrer
dix kilomètres en arrière pendant qu'on fait les
guignols sur nos carnes moi si je regrette quelque
chose c'est qu'i soyent pas encore tous crevés ces
putains de gailles pasqu'à pied t'as encore une
chance de te carapater peinard si i radine une de
ces saloperies d'avions à sifflets t'as juste qu'à te
foutre dans le fossé ou sous un buisson ni vu ni
connu le gars i va lâcher ses crottes plus loin mais
qu'est-ce que tu veux faire hein avec une bique qui
se met tout droit sur ses pattes de derrière en brail-
lant hihi comme un âne dès que ça commence à
dégringoler et toi suspendu après la bride en train
de gigoter comme un polichinelle sans compter que
pour te faire repérer avec ton ours bien en vue sur
la route y a pas mieux parlons pas quand tu te
promènes là-dessus avec toute ta quincaillerie ambu-
lante le sabre le masque à gaz le tromblon les
pédales les fers du canasson comme une batterie de
cuisine Ohé les gars au cas où vous m'auriez pas vu
c'est moi drelin-drelin tirez les premiers messieurs
les Anglais un volontaire qu'i demandait pour aller
voir si y en avait pas dans le village non mais ça va
pas volontaire mon cul qu'est-ce qu'il croyait vas-y

voir toi-même drelin-drelin la batterie de cuisine et maintenant ça recommence comme l'autre jour sur cette colline au pont de la voie ferrée mon lieutenant que je lui dis regardez ceux du troisième qui décanillent là-bas grand galop ça y allait bon dieu à quoi on joue c'est un ouesterne qu'on tourne ou quoi et les fumées de ces petites merdes d'obus gris tout autour oui qu'i me dit mais on n'a pas d'ordres l'ordre c'est de tenir sur les coupures une coupure tu parles i devait y en avoir une quelque part et une fameuse même pasqu'après y a ce con de motard qui arrive et qui gueule comment quoi vous êtes toujours là il y a une heure que vous auriez dû décrocher le colon croyait que mon cul Raieducul et maintenant si ça se trouve y a un autre con de motard en train de nous chercher à cette heure et alors ça sera de nouveau le coup du petit bois sauf que celui-là j'ai plutôt l'impression qu'il est dans la mauvaise direction à moins que ce soit un truc qu'i z aient trouvé pour nous faire faire demi-tour et avancer faut dire que depuis le temps qu'on recule ça changerait un peu seulement comment que tu y arriveras tu peux me le dire hein au petit bois avec cette connerie de barricade que le premier de leurs chars à bancs qui s'amène il a qu'à péter dedans un bon coup pour tout foutre en l'air on aura bonne mine vous bousculez pas au portillon toujours en avant le plus courageux l'emporte puisque c'est la devise du régiment les femmes et les enfants d'abord et où qu'elle est cette cinquième Dina qu'i nous racontent depuis quatre jours qu'elle va arriver qu'elle arrive qu'elle est là qu'on tienne encore le coup une heure une demi-heure cinq minutes et qu'on va les voir rappliquer tout flambards nouba-clochettes en tête des crouilles tu parles s'ils s'en ressentent pour venir nous sortir de ce merdier faut reconnaître qu'i seraient drôlement cons d'ailleurs encore plus que nous si c'est possible pasque qu'est-ce qu'ils en ont à foutre eux de ce pastis tu peux me le dire pourquoi ils iraient se faire crever la paillasse pour nos pommes c'est pas difficile à deviner où qu'ils étaient leurs fameux bougnoules pendant qu'on se faisait déquiller je peux te le dire moi pas plus loin qu'ici tout juste auguste t'as qu'à voir la razzia qu'est-ce qui restait dans les buffets et les armoires j'ai regardé partout fais-moi confiance macache bono sauf ces putains de pêches au sirop et ces deux malheureuses poules que sans doute ils les ont trouvées trop maigres ou que peut-être Mahomet i leur interdit si ça se trouve comme le cochon et ces cigares havanes de mes fesses que j'en ai la gueule comme un incendie salauds de crouilles compte là-dessus cinquième Dina cause toujours des clous i paraît que le général i s'est fait sauter le

caisson bon voyage ça fait toujours une belle ordure
de moins comme Dudule seulement si on a plus de
général y a plus d'ordres et alors si y a pas d'ordres
qu'est-ce qu'on branle ici tu veux me dire qui c'est
qu'a le droit de nous obliger à rester là qui c'est qui
prend le droit de m'obliger à crever si le général il
est plus là pour donner l'ordre pourquoi que j'obéi-
rais moi à quelqu'un qui donne des ordres comme ça
qu'il a reçus de personne tu crois que je vais me faire
passer au presse-purée pour que Raieducul récolte
une banane de plus bouffer les pissenlits par la
racine et l'autre gugusse tout fier devant ce qui lui
restera du régiment trois tondus et un pelé moins y
en aura plus i reluira glorieux je le vois d'ici moustaches passées au cirage vieille France et ses bottes
façon miroir au nom du Présimerdre de la Répu-
merdre je vous décerne la croix des braves celle des
caves ça sera pour nous pasque comme cave kes' tu te
figures faire avec ton éfème de mes deux contre
leurs machins vu que le 37 on l'a plus depuis le
jour de la tranchée de chemin de fer pasque cette
fois pour changer c'était pas le petit bois c'était
direction la tranchée seulement manque de pot la
petite tranchée elle avait trente mètres de fond
mince quand j'ai vu ces rails tout en bas on se
serait cru au balcon d'un sixième étage vue plon-
geante sur les pavés comme la bonniche qu'a des

peines de cœur et hardi saute là dedans connard grand galop pour changer sans débander et valdas comme si ça pleuvait toujours façon ouesterne à part que si tu trouves un covboye qui se dégonfle pas de faire ça au cinoche sans truquage je demande à voir malheur ça dégringolait ça dégringolait ça dégringolait que j'en voyais jamais la fin merde si on s'en sort je prends directo un billet pour Ollivoude leurs cascadeurs à la flanc je les attends je l'ai fait pour peau de balle le truc alors s'i me payent le prix je leur montrerai comment s'y prendre moi que si tu racontes ça plus tard à tes petits enfants i te croiront jamais et i z auront raison vu que c'est pas imaginable de toute façon ça chie pas pasque tu seras pas là pour leur raconter rapport qu'avant demain tu seras plus bon qu'à nourrir les asticots et moi pareil alors quoi bon dieu de merde on va encore rester là longtemps à attendre de se faire ratatiner y a de quoi devenir dingue merde merde merde merde sans même un 37 rien qu'avec trois malheureux feumeu encore des Dudules ces mecs du 37 jamais là que quand on en a pas besoin on se demande à quoi ils servaient des gaziers qu'on les connaissait même pas à l'escadron et quand ces enflés se sont pointés avec leur manche à couilles d'antichar qu'est-ce qu'on a vu hein tu peux me le dire qu'est-ce qu'on a vu est-ce qu'ils en ont seulement descendu un de ces putains de chars à bancs ou même une auto-mitrailleuse des zozos qu'étaient même pas foutus de le conduire leur engin tout ce qu'ils ont été capables ç'a été de se faire écraser dessous plus de bonzhommes plus de canon fallait voir ce carambolage faut dire que pour descendre dix étages sans escalier cavalcade ouesterne avec leur truc au cul c'était pas de la tarte d'accord en plein sur la tronche qu'ils l'ont pris les gailles les brancards l'affût le caisson le vrai pâté d'alouettes moitié-moitié un mec un cheval un mec un cheval un mec sans compter la ferraille t'aurais dû entendre brailler celui qu'avait les jambes coincées sous le tube c'est ça mon pote appelle ta maman excuses mais figure-toi que je suis pressé j'ai un train à prendre justement qu'on est sur une voie ferrée seulement comme roues tout ce que j'avais c'étaient mes cannes et vas-y que je te cavale sur le ballast pauvre con harnaché tenue marathon spéciale tout ce qu'il y a de pratique pour la course à pied dix kilos de ferblanterie courroies cartouchières esco-pette bretelles croisées pour bien te dégager la poitrine l'important dans le demi-fond c'est de savoir régler ta respiration tout le monde sait ça et Pshiouou et Pschiououou et Pshiououou que je te canarde qu'est-ce qu'ils devaient se fendre la

68

pipe les autres à nous tirer comme à la foire alors dis dis dis dis-le pauvre andouille dis voir ce que tu t'imagines faire avec ton malheureux feumeu kes'tu crois qu'i feront eux quand i verront cette connerie de barricade que le gars que t'as loupé il a déjà dû leur raconter en long et en large tu te figures qu'ils vont s'arrêter bien gentiment comme au champ de manœuvres et descendre de leur trente-tonnes légère pour aller l'enlever et que tu puisses les arroser mon cul oui je vais te le dire moi ce qu'ils vont faire c'est pas compliqué i vont fissa envoyer la purée ça fait ni une ni deux et pas avec le dos de la cuillère fais-leur confiance à ces vaches tu connais pas encore leur système peut-être? taper d'abord et aller voir ensuite les vergers à la sulfateuse et les fenêtres à la grosse bite première fenêtre à mon commandement feu Vrrraoum badaboum deuxième fenêtre feu Vrrraoum badaboum et la troisième fenêtre la troisième fenêtre qui c'est? nos pommes bouffi! t'auras même pas le temps de dire ouf que tu seras déjà plus rien qu'une giclée de merde et de bidoche esclaffée contre le mur du fond avec ton feumeu de mes deux planté là dedans comme une vieille ferraille on voit que t'as pas vu ce qui restait de Mimile alors à quoi ça rime tout ça tu veux me le dire à quoi ça rime comme des rats qu'on est

LEÇON DE CHOSES

comme des rats et c'est encore une façon de parler
vu que les rats y a rien de plus intelligent comme
bestioles et qu'eux y aurait déjà longtemps qu'i
z auraient fait comme les crouilles et qu'i se seraient
tirés de ce foutoir alors même pas des rats qu'on
est moins que des rats de la merde rien d'autre
que de la merde de cons de la merde de la merde
de la merde

LEÇON DE CHOSES

Le plus jeune des deux maçons tient perpendiculairement entre les doigts de sa main gauche réunis en couronne l'œuf dur qu'il vient de peler. Il mord dedans et porte aussitôt à sa bouche de sa main droite un morceau de pain dans lequel il mord aussi. Tandis qu'il mastique sa main repose le pain puis saisit une petite salière avec laquelle il saupoudre la partie restante de l'œuf. Le jaune forme un disque parfait, légèrement verdâtre sur les bords. Il s'effrite chaque fois sous l'action des dents, présentant une surface irrégulière, alors qu'elles coupent au contraire de façon nette l'anneau blanc à consistance élastique qui l'entoure. Il y a maintenant longtemps que le dernier des chars et des véhicules de la colonne qui défilait au loin a disparu. Dans le ciel turquoise, au-dessus des nuages vaporeux et blonds, sont suspendus comme des ballons des médailles d'or empiétant les unes sur les autres.

LEÇON DE CHOSES

Le drapeau rouge rayé de jaune flotte mollement.
Sur le sol rose de la place, les petites silhouettes
égaillées çà et là, les élégants planteurs, les promeneuses à tournures, vont et viennent, se croisent, s'en-
tretiennent ou se saluent, paisibles et bienséants dans
la tiédeur du jour finissant. Il semble en effet que ce
soit le soir car les ombres qu'ils projettent sur le sol
sont diffuses. En dépit du climat tropical, les hommes
— y compris le cavalier — sont coiffés de hauts-de-
forme et portent des vêtements sombres, seulement
égayés par des gilets blancs. Les jupes des femmes
tombent jusqu'à terre. Il émane de la foule clairse-
mée une atmosphère de nonchalance un peu guindée.
Quelques-uns des personnages portent des far-
deaux en équilibre sur leur tête. Les visages
de ceux-là sont noirs. Au bas de l'image s'enroulent
et se déroulent des feuilles d'acanthe, des palmes,
des volutes dorées dont les courbes s'entrechoquent
comme les crêtes de vagues tumultueuses encadrant
une coquille Saint-Jacques au fond nacré sur lequel
on peut lire le nom du fabriquant et, en épaisses
lettres rouges, le mot HABANA. A part le cri de l'oiseau et le chant des grenouilles, aucun bruit n'est venu
troubler le silence depuis la chute de l'unique obus
et le tapage des deux rafales. Le tireur aspire de
lentes bouffées du cigare à l'extrémité maladroitement déchiquetée, mouillée de salive, gluante et

marron foncé. La fumée brûle douloureusement sa langue et la muqueuse de son palais desséchées et irritées, comme si la chair était à vif. La figure n° 120 porte comme légende : Bancs de galets au pied d'une falaise. Les vagues sont figurées au moyen de traits en forme de larges accents circonflexes très aplatis, et ressemblent aux rangées de tentes alignées et basses d'un camp militaire. De petits ovales sont accumulés au bas de la haute muraille calcaire striée de bandes foncées horizontales comme les couches superposées d'une tranche de ces gâteaux où alternent pâte et confiture. Un sentier suit le haut de la falaise dont il épouse les courbes, montant et descendant, frôlant parfois l'extrême bord. Les trois ombrelles aux couleurs de fleurs qui se suivent à la queue leu leu sautillent en se détachant sur le ciel. Par l'effet de la marche sans doute, de la chaleur ou du vent, peut-être pour d'autres raisons, le visage de la jeune femme qui marche la dernière est maintenant très rose. Elle répète je vous en prie je vous en supplie elles vont se demander ce que nous. Profitant d'un élargissement du sentier, l'homme la devance prestement et s'immobilise, lui barrant le passage. La jeune femme s'arrête et le regarde, les yeux agrandis, la bouche entrouverte, les lèvres humides, une vague expression d'effroi et d'excitation mêlés sur son visage délicat. Sous les dentelles ivoire sa poitrine s'abaisse et se soulève rapidement. Appuyé sur sa canne l'homme fait semblant de montrer quelque chose au loin sur la mer (le voilier à la mâture inclinée?), pointant au bout de son bras tendu le journal roulé en flûte. Le plus jeune des deux ouvriers a aussi placé entre ses jambes écartées et à demi repliées trois briques superposées. Des épaisseurs irrégulières de plâtre adhèrent aux briques dont les surfaces ainsi bosselées ne se touchent qu'imparfaitement, de sorte que l'édifice est quelque peu branlant. Chacune des briques empiète légèrement de biais sur celle qui la soutient et l'ensemble présente l'aspect de l'amorce d'un escalier en spirale. Un morceau de journal déchiré est étalé sur la brique supérieure en guise de nappe où sont disposées une boîte de sardines, un gobelet en plastique orange et un morceau de pain. Sur le couvercle de la boîte est représenté un trois-mâts dont les voiles ocre se profilent sur un ciel vert. La mer sur laquelle il avance est d'un gris métallique. La boîte a la forme d'un rectangle allongé aux coins arrondis. De temps en temps le tireur jette un coup d'œil par-dessus son épaule vers le lit où l'on a étendu le blessé. On lui a retiré son casque et seuls les cheveux, protégés par la coiffe, font une tache foncée dans l'amas confus gisant sur la courtepointe rouge, uniformément recouvert (visage, vêtements, cartouchières, houseaux, souliers) de la même couche grisâtre de poussière. Il semble inconscient et ne pas souffrir, à moins que ses plaintes ne se confondent avec le faible gargouillis qu'il fait entendre au rythme de sa respiration. Par moments il élève une main, grise aussi, comme si elle avait été plongée dans un sac de farine sale, aux ongles larges, carrés et ébréchés, bordés de noir. On dirait que la main tout entière a été sculptée dans une pierre molle et incolore. Avant qu'il ait pu terminer son geste, le bras retombe. Quelqu'un s'approche et dispose sur son corps une couverture marron. Le visage cendreux et les chaussures poussiéreuses qui dépassent à l'autre bout semblent plus pâles encore. A mesure que la première des promeneuses s'approche de l'enfant une mince bande d'un bleu plus foncé que celui du ciel apparaît au-dessus du pré où paissent les vaches et grandit peu à peu derrière les jambes gainées d'orange. En accord avec les mouvements de la marche elle semble monter par à-coups, la ligne d'horizon s'abaissant légèrement à chaque pas avant de reprendre son ascension, comme si la bande bleue qui s'élargit progressivement était hissée par quelque machiniste halant la corde d'une poulie. Maintenant les bas orange font un contraste violent avec le fond outremer. Successivement, la jupe, la ceinture dont la couleur pâlit, le buste, les boucles blondes agitées par le vent sont entourés de tous côtés par le vaste à-plat d'une couleur indéfinissable, bleu dans l'ensemble mais où, lorsque le regard le parcourt, apparaissent comme des moirures, des zones aux formes mollement serpentines, comme de larges fleuves paresseux tirant tantôt sur le mauve tantôt sur le vert. A la fin, lorsque les promeneurs sont tout près, dominant la petite fille de toute leur hauteur, le chapeau de paille lui-même se trouve englobé, serti, son éclat rehaussé par la couleur soutenue de la nappe que l'on découvre dans son immensité, s'étalant à droite et à gauche d'un bout à l'autre de l'horizon bombé. A première vue, elle semble aussi étale qu'une couche de peinture appliquée sur un mur. Peu à peu, outre les très lents déplacements et les infimes déformations des zones moirées, l'œil perçoit une succession de rides parallèles animées d'un mouvement continu qui sans troubler la vaste paix de l'ensemble entretient à sa surface une perpétuelle animation, comme s'il était doué à la fois des deux propriétés contraires du mouvement et de l'immobilité. Sans fin, sans hâte mais sans relâche, les rides serrées semblent surgir l'une après l'autre de l'infini lointain où s'entassent des masses pâles et boursouflées ombrées de rose. Le couvercle n'adhère plus maintenant que par un

coin à l'un des côtés de la boîte. Montrant sa face
interne aux reflets de cuivre jaune, la mince feuille
de métal est enroulée sur la clef, formant une sorte
de cornet bordé à sa base par la spirale grise de la
soudure décollée. Sur le pourtour de la boîte le nom
du fabriquant ou de la conserverie est écrit en lettres
d'un rouge métallique cernées d'or sur un fond vert.
Il reste deux sardines dans la boîte. Leurs corps
triangulaires et sans tête disposés en sens contraires
luisent d'un éclat argenté sous la couche transparente d'huile jaune. Le jeune maçon glisse la lame
de son couteau sous l'une des sardines qu'il soulève
en la maintenant de son pouce et dépose sur le morceau de pain qu'il tient dans sa main gauche. L'extrémité tachée d'huile de son pouce est d'un rose saumoné, contrastant avec le reste du doigt et la main
dont la peau est recouverte d'une fine couche de
poussière, comme si elle était revêtue d'un gant.
Sans lâcher son couteau dont il serre le manche
entre ses autres doigts repliés, l'ouvrier essuie le
plat de son pouce sur le journal déchiré déjà maculé
de taches grisâtres. Il mord dans le pain et la sardine
qu'il coupe approximativement en deux et mastique
lentement. Sous ses dents le corps de la sardine s'est
désagrégé et le morceau qui reste sur le pain laisse
voir la chair d'un rose saumon pâle sous la fine peau
à l'éclat métallique. Quelqu'un rentre dans la pièce

et dit cet obus les gailles ont dégusté ta Liboucha a eu une jambe cassée on a dû l'abattre tu prendras Marquise on y a mis ta selle. Le tireur tourne la tête et dit Marquise merde l'est minuscule cette bique Comment que la sangle de Liboucha elle pourra la selle va tourner dès que je mettrai le pied dans l'étrier Y a pas quelqu'un qu'aurait une sangle trop lon. La voix furieuse et geignarde du pourvoyeur dit de quoi tu te tracasses pauvre con Marquise une sangle tu parles mince y a des optimistes t'as pas encore compris qu'on est faits comme des rats non? y en a pas un qui en sortira vivant de ce merdier y en a pas. Le chargeur crie Merde à la fin tu as fini de nous faire chier oui ou merde? Tout en parlant et sans cesser de pointer le journal roulé en direction du voilier l'homme regarde passionnément la jeune femme dont les lèvres remuent sans que toutefois aucun son n'en sorte formant les mots mon dieu mon dieu mon dieu, puis elle dit très vite écoutez ce soir oui mais je vous en prie regardez elles se retournent elles je vous promets. Elle se hausse de toute sa taille et crie très fort d'une voix claire en agitant le bras au-dessus de sa tête Oui voilà on arrive voilà vous avez vu ce bateau? Le vent du large plaque ses cheveux en oblique sur sa joue et ils lui masquent le visage comme une voilette. A travers les fils soyeux on peut voir briller ses yeux.

Elle écarte de sa main gantée une mèche qui barrait sa bouche et crie de nouveau Voilà voilà! puis dit rapidement d'une voix presque inaudible ce soir je vous le promets après que je l'aurai couchée A la barrière en bas du Mais promettez-moi mon dieu et Charles... Le jeune maçon trempe de petits morceaux de pain dans l'huile qui nappe le fond de la boîte à sardines vide. A la fin il saisit celle-ci et la tenant au-dessus de son pain il l'incline jusqu'à la retourner complètement. L'huile coule d'abord en un mince filet, puis goutte à goutte. La mie déchiquetée et dentelée, creusée d'excavations irrégulières, crêtée, comme un rejaillissement d'écume solidifié, se teinte de jaune. Avant de jeter la boîte, il éponge encore soigneusement avec un nouveau morceau de pain le peu d'huile resté dans les angles. Lorsqu'il a terminé, l'intérieur de la boîte est parfaitement propre et brillant. D'assez loin, dans la direction où la colonne qui défilait sur la route a disparu depuis un moment, proviennent soudain les bruits d'une série de sourdes explosions entre lesquelles on peut entendre crépiter des rafales à des cadences différentes. Malgré (ou en raison de?) la distance, les explosions semblent secouer l'air violemment compressé et décompressé, comme si elles se répercutaient entre les parois d'une maison vide où le vent fait battre une porte. Pendant un moment explosions et rafales se succèdent, alternent, se confondent, se séparent de nouveau, coupées de silences plus ou moins longs, reprenant soudain toutes ensemble, se taisant pour laisser place à quelques coups isolés, comme une sorte de dialogue incohérent, à la fois acharné, distrait, rageur, brutal et facétieux. Le lointain tapage se prolonge ainsi, avec des alternances de confusion, de paroxysmes, d'entractes subits. A la fin, après deux explosions plus fortes, le silence se rétablit. Les trois soldats continuent à écouter, mais plus aucun bruit ne leur parvient. Ils entendent de nouveau le chant de l'oiseau. Ils ne bougent pas. Au bout d'un moment la voix du pourvoyeur s'élève. Il dit et voilà enveloppez c'est pesé vite fait servez chaud encore quelques copains qu'ont les tripes au soleil. Les deux autres ne disent rien. Les promeneurs font une nouvelle halte en haut de la falaise. Assis sur l'herbe, ils contemplent l'immensité à la fois immobile et mouvante qui s'étend devant eux. L'homme s'est assis à l'extrême bord, les jambes repliées, les pointes de ses souliers dépassant dans le vide. Il a posé sa canne à côté de lui et déployé sur ses cuisses le journal dont parfois le vent retrousse ou rabat l'un des coins. Il fait semblant de lire mais, en fait, ne parcourt que distraitement les titres, laissant le plus souvent errer son regard au-delà. Tout en bas,

comme du haut d'une maison de plusieurs étages, on
peut voir la grève d'où la mer s'est retirée laissant à
découvert un tapis de galets dont la couleur change
suivant une ligne qui correspond à la limite atteinte
par le flot à marée haute, tout au moins par temps
calme, comme ces jours. Au pied même de la falaise
les galets forment une bande blanche, comme de
menus ossements accumulés, comme un long cimetière de carcasses et de squelettes concassés, rejetés
par les tempêtes et blanchis par le sel. Plus loin ils se
teignent d'un vert sombre, presque noir (des mousses
ou de petites algues accrochées à leur surface) tandis
qu'ils se font moins serrés, laissant apparaître le
sable mouillé et brun qui sertit quelques gros blocs
qui, entraînés par leur poids, ont roulé sur eux-
mêmes jusqu'à une assez grande distance. Par l'effet
des remous, le sol s'est peu à peu creusé sous eux de
sorte qu'ils n'émergent qu'à moitié dans l'étendue
que la mer a découverte en se retirant, absolument
nue et lisse, d'une couleur fauve aux reflets bleu-
tés, où ils se trouvent enchâssés. Des mares d'eau
stagnante miroitent çà et là dans l'ossuaire de
galets noircis par les algues. Quelques minuscules
silhouettes perdues dans l'étendue se déplacent lentement de l'une à l'autre, s'arrêtant, se penchant,
s'attardant, fouillant dans les anfractuosités à la
recherche de crabes ou de coquillages. La jeune

femme au chapeau orné d'une voilette verte rappelle
la petite fille qui s'est approchée trop près du bord,
mais l'homme se retourne et la rassure, attirant
l'enfant contre lui et la maintenant d'un bras serré
autour de sa taille. De l'autre main il lui passe de
petits cailloux qu'elle lance dans le vide d'un geste
maladroit, se penchant pour suivre des yeux la chute
des pierres qui dégringolent en rebondissant sur les
avancées ou les saillies de la falaise. Le vieil ouvrier
a maintenant abattu environ la moitié de la cloison
et pour continuer son travail il lui est nécessaire de
déplacer son échafaudage. Il descend de celui-ci en
s'accroupissant d'abord sur la planche où, s'appuyant sur l'un de ses bras en étai, il s'assied, les
jambes pendantes, puis se laisse glisser sur le sol.
Il s'éloigne ensuite à reculons en jetant des coups
d'œil estimatifs sur la cloison, l'échafaudage, et
celui sur lequel est juché son compagnon, contre le
mur. Ce faisant, il tire de sa poche une blague à
tabac en caoutchouc rougeâtre et un cahier de
feuilles de papier à cigarettes. La couverture du
cahier est bleu ciel. Alerté sans doute par la pro-
longation du silence, le jeune maçon s'arrête de
frapper, se détourne, tenant toujours sa masse d'une
main, et demande qu'est-ce qu'il y a? Le vieil ouvrier
finit d'humecter le papier de sa cigarette et tout en
cherchant son briquet dans sa poche explique à son

compagnon qu'ils vont se gêner. La cigarette non allumée collée entre ses lèvres s'agite de bas en haut à chacune de ses paroles. Comme il tourne le dos à la fenêtre, la flamme du briquet qu'il bat entre deux phrases éclaire un instant son visage fatigué et flasque, ses sourcils broussailleux poudrés de blanc et ses yeux larmoyants, à la conjonctive irritée et rougie par la poussière, comme des yeux de lapin. L'imitant, et par une suite de mouvements identiques (accroupissement, bras en étai, buste légèrement incliné sur le côté, bassin pivotant les deux jambes à demi repliées puis distendues tandis que les reins creusés glissent sur le rebord de la planche), le jeune ouvrier saute aussi à bas de son échafaudage et ils contemplent tous deux la cloison et le mur perpendiculaire à celle-ci. Le vieil ouvrier accompagne ses paroles de hochements de tête, désignant du menton les objets successifs dont il parle. Le nuage de poussière en suspension qui emplit la pièce retombe lentement. Dans le silence qui s'est établi, on croit entendre comme de menus bruits, de menus craquements, comme si quelque bête minuscule et invisible, quelque rat ou quelque rongeur poursuivait le travail de démolition interrompu, ou comme si la maison ébranlée par les coups continuait d'elle-même à se lézarder, se tassant à la recherche de nouveaux points d'appui ou d'un nouvel équilibre. Tout en parlant, le jeune maçon lèche entre deux phrases l'articulation éraflée de son pouce qu'il tourne du côté de la lumière pour l'examiner. Les deux voix calmes alternent et se répondent après parfois de longs intervalles de silence comme si le problème qui se présente demandait à être mûrement réfléchi, à moins que par une sorte d'accord tacite les ouvriers profitent de l'occasion pour se reposer un moment. Le pourvoyeur empile les chargeurs garnis sous le manteau de la cheminée. La pièce est une de ces salles communes comme on en voit dans les maisons de paysans, à la fois cuisine, salle à manger et pourvue dans un renfoncement d'un lit où l'on distingue parfois le visage momifié de quelque aïeul impotent et frileux installé (ou plutôt rangé) là pour plus de commodité en même temps que la caisse de la dernière couvée éclose dont les poussins échappés s'égaillent sur le carrelage. Le pourvoyeur allume son briquet à la flamme duquel il examine, intrigué, la plaque de fonte noircie de suie qui se trouve derrière le foyer. Il épelle lentement le mot FRÜHLING en relief et coupé en deux par le personnage qui orne la plaque, imprécis sous l'épaisse couche de suie à travers laquelle on distingue cependant une femme en robe longue, à la jupe bouffante, dans un décor dont les éléments (balustrade, terrasse, oiseau) évoquent un jardin ou un parc. Toujours accroupi,

LEÇON DE CHOSES

il tourne la tête en arrière et dit FRÜHLING qu'est-ce
que ça veut dire ? Le tireur dit quoi ? le pourvoyeur répète FRÜHLING, F R U deux point H et
puis L I N G. Le tireur dit Printemps. Le pourvoyeur
dit printemps mince dans quelle langue? Le tireur dit
l'allemand. Le pourvoyeur dit mince alors c'étaient
des frisés ici avant? Une discussion s'engage entre le
pourvoyeur et le chargeur sur l'histoire et la géo-
graphie du pays. Mal convaincu par les explications
du chargeur le pourvoyeur dit alors de quel droit
qu'on est là qu'est-ce qu'on fout dans ce bled de
malheur comme des cons pourquoi qu'on se barre
pas ce que j'en ai à foutre moi de ce bled et puis si
c'était à eux alors je vais me faire crever la peau
pour un patelin qu'est même pas chez nous non mais
sans blague? Après sa première réponse, le tireur
s'est désintéressé de la discussion et n'écoute pas.
1. PIERRES QUI SERVENT À FAIRE UNE MAISON. Si
nous examinons en détail de quoi se compose une
maison, nous pouvons chercher d'abord quelles sont
les *pierres* de différentes sortes qui servent à la bâtir.
En regardant à l'extérieur, nous voyons facilement
que les murs sont construits, par exemple, avec des
pierres de taille ou avec des *briques*. Souvent même,
la maison est construite avec ces deux sortes de
matériaux : la façade est en pierres de taille et les
autres murs sont en briques. Les pierres de taille de

87

la muraille sont tirées d'une roche qu'on exploite
dans les carrières qui, comme leur nom l'indique, se
taillent assez facilement; on en a scié de gros morceaux pour les placer les uns sur les autres et en faire
les murs. Les briques ont été fabriquées avec de
l'*argile* cuite dans des fours. L'argile est une roche
molle qui se raye à l'ongle et qui fait pâte avec l'eau.
Mais les pierres et les briques qui forment les murs
sont-elles simplement placées les unes sur les autres?
Non. De là où elles sont assises les femmes ne
peuvent pas voir la grève. Au-dessus du sommet de
la falaise apparaissent parfois des mouettes qui
s'élèvent lentement dans l'air, sans un battement
d'ailes, restent un instant suspendues sur place,
puis se laissent glisser sur le côté et disparaissent,
de nouveau remplacées par d'autres. Le bateau dont
on ne distinguait tout à l'heure que la voile sur
l'étendue moirée s'est maintenant rapproché et,
quoique encore lointain, on peut voir sa coque ainsi
que, par moments, l'éclat blanc de l'écume qui
rejaillit sous son étrave. Très loin, sur l'horizon, est
posé un vapeur, un cargo sans doute car on n'aperçoit que les trois masses formées par son gaillard
d'avant, son gaillard d'arrière et, au milieu, son
château, comme détachées l'une de l'autre, comme
ces insectes dont le thorax n'est relié à l'abdomen
que par un corselet aussi mince qu'un fil. Il ne bouge

pas. A cette distance, il est impossible de reconnaître
l'avant ou l'arrière. Il se trouve un peu sur la gauche
du plus haut sommet que forme la chaîne des nuages
aux ombres roses entassés au-delà de l'horizon. Le
petit voilier suit un trajet rectiligne, légèrement en
oblique, se dirigeant sans doute vers un port situé
sur la gauche. Épinglé à peu près à mi-hauteur de la
large bande bleu-vert qui l'entoure de toutes parts,
il est encore très à droite. Comme la mer sur laquelle
il semble piqué, il paraît à la fois doué d'immobilité
et de mouvement, se déplaçant avec une extrême lenteur (toutefois, si l'œil l'abandonne quelques instants
il ne le retrouve pas au même endroit, quoique
toujours apparemment immobile, si bien qu'on dirait
qu'il progresse par une série de translations rapides,
foudroyantes même, en profitant des instants d'inattention) dans l'espace vide entre le groupe formé
par l'homme qui tient l'enfant contre lui et la vache
qui s'en est silencieusement approchée, maintenant
debout, de profil, se découpant sur le ciel vaporeux
et la bande plus foncée que déploie la mer, parfaitement immobile aussi à l'exception de sa mâchoire
qui va et vient constamment dans un mouvement
horizontal tandis que disparaissent peu à peu les
touffes d'herbe dépassant aux commissures de ses
lèvres. Sur la fin d'une phrase, le jeune maçon se
dirige vers sa musette déposée au pied du mur à

l'autre extrémité de la pièce et s'accroupit pour en dégager une bouteille de forme allongée, faite d'un verre grenu et opaque. La bouteille est à demi remplie d'un liquide citronné sur lequel se détache le bas de l'étiquette ovale au pourtour bleu ciel où est écrit, suivant l'arrondi, le mot ORANGINA. A l'intérieur de l'ovale est représentée une femme qui se tient debout, la taille cambrée, et dont la jupe laisse voir les hauts talons. Elle est placée de trois quarts la tête légèrement tournée vers le spectateur, un peigne démesuré planté dans ses cheveux, les bras croisés sur la poitrine, la main gauche qui repose dans le creux du bras droit tenant une orange dont la teinte vive se détache sur le fond noir du châle. L'ouvrier fait sauter la capsule de porcelaine entourée d'une collerette de caoutchouc rougeâtre et maintenue par un système de blocage à bascule. Toujours accroupi, il boit quelques gorgées au goulot de la bouteille. Lorsqu'il revient, la partie humectée de ses lèvres apparaît d'une couleur lilas dans le masque crayeux. Mais les pierres ou les briques qui forment les murs sont-elles simplement placées les unes sur les autres? Non, car ces murs ne seraient pas solides, et l'eau ou le vent pourraient passer au travers. Entre les pierres ou les briques, pour qu'elles tiennent bien ensemble, on a mis du *mortier*. Le mortier, au moment où on l'applique entre les pierres, est une pâte molle que l'on fait en mélangeant avec de l'eau du *sable* et de la *chaux*. Après qu'on a mis cette pâte entre deux pierres ou entre deux briques, elle durcit très vite; les pierres sont fixées par le mortier et le mur est très solide. Où trouve-t-on le sable et la chaux qui servent à faire le mortier? Le sable a été retiré d'une carrière ou pris au bord d'une rivière. La chaux se fabrique en faisant chauffer certaines pierres appelées *pierres à chaux*. Enfin, les murs de la maison sont revêtus de *plâtre* à l'intérieur. Le plâtre s'obtient en faisant chauffer dans des fours d'autres pierres encore, appelées *pierres à plâtre*. Le tireur abandonne sa lecture et contemple le paysage toujours désert, les prés, le pont, l'automobile abandonnée, le chemin parsemé d'épaves sur lequel les ombres rampent lentement. Celle du petit bois atteint maintenant la barricade et, sur la gauche, le pied du coteau. La jeune femme à demi étendue, le visage abrité du soleil par son ombrelle, répond distraitement (quelquefois avec un moment de retard, alertée par leur silence) aux propos des deux autres promeneuses. Elle suit des yeux le vol affairé d'un frelon. A ras de terre se trouvent de petites fleurs jaunes. Il y a, là aussi, quelques scabieuses. Leurs collerettes délicatement ruchées et tuyautées parsèment de mauve pâle le fond turquoise de la mer. Dans sa position (seulement appuyée sur un coude), la jeune femme voit se balancer mollement les hautes ombelles au-dessus de la chaîne des nuages boursouflés qui se confondent presque avec le ciel. Le frelon va de l'une à l'autre où il ne se pose qu'un instant. Il parcourt plusieurs fois aller et retour l'intervalle qui les sépare, croisant ou dépassant le petit voilier qui se hâte dans l'encadrement des tiges légèrement inclinées. Son corps velu et trapu est d'un brun orangé, strié de noir. La vache ne figure pas dans le tableau. Le bord herbu de la falaise, l'homme, l'enfant, le cargo posé au loin sur l'horizon (et qui semble lui aussi avoir profité de l'instant d'inattention pour aller se placer — comme si quelque main géante l'avait soulevé et reposé — juste à la base du plus gros cumulus, tandis que le petit voilier se trouve maintenant à sa verticale, les deux bateaux en ce moment exactement l'un au-dessous de l'autre) semblent baigner dans une même épaisseur de pâte gris-bleu, nacrée et transparente, que le peintre aurait étalée sur toute la surface de la toile avec de faibles modulations, se contentant d'indiquer par quelques taches sommaires le canotier de la fillette (dont le jaune, délayé dans le bleu, prend une teinte citron), son ruban réséda qui claque dans le vent et ses bas orange. La seule note soutenue est constituée par la veste d'alpaga noir du promeneur assis au bord du précipice. Toutefois, autour des jambes graciles, l'artiste a avivé le fond de mer pour mieux faire ressortir la couleur violente des bas. Le chargeur lit lentement le titre de la reproduction punaisée sur le mur parmi les coquelicots géants : SUR LA FALAISE. Il se relève et dit Boudin tu parles d'un nom y en a mince on se demande où i vont les chercher mince à part ça je m'en taperais bien un morceau. Le tireur tourne la tête sur le côté, le regarde sans comprendre et dit un morceau de quoi? De boudin hé saucisse, dit le chargeur. Il ne rit même pas, traverse la pièce et revient se placer debout à côté de la table sur laquelle est installé le fusil-mitrailleur. Pendant un moment il contemple en silence avec le tireur la lente progression des ombres sur le paysage tranquille. A la fin, il dit à voix basse pour ne pas être entendu du pourvoyeur ce barouf t't à l'heure c'est ceux du huitième qui tu crois qu'on que nous..., puis sa voix le trahit, meurt, et il se tait, fixant le bois, le coteau, les prés et les champs qui ondulent doucement au loin sous les nuages suspendus. Le tireur se tait aussi. Son cœur bat violemment dans sa poitrine. Au-dessous d'elle, presque à la verticale, elle regarde sans les voir les moustaches d'écume qui rejaillissent de part et d'autre de l'étrave du bateau de pêche chaque fois qu'il retombe dans la légère houle. Les pêcheurs sont

93

occupés à laver les filets avant de les ranger. Penché sur la lisse, l'un d'eux les secoue dans l'eau, rassemblés en boudins, et ils ondulent comme de gros serpents bruns. Au fur et à mesure, un autre pêcheur les tire à lui et les enroule en tas sur le pont. Le bateau est si près du pied de la falaise que l'on peut voir les disques de liège vergetés de brun espacés régulièrement mais qui sur les flancs de l'amas à peu près cylindrique se trouvent parfois réunis, par deux ou par trois, puis séparés par un vide. Dans des paniers sont entassés des poissons (des sardines?) dont les corps mêlés brillent comme de l'argent. Elle dit ne me regardez pas comme ça je vous en prie allons elles nous Vous n'avez pas entendu sur quel ton elle m'a demandé si j'avais des nouvelles de Charles oh mon dieu je vous Oui voilà voilà! Elle agite de nouveau la main. Elle peut sentir son odeur de cigare, de tabac, elle perçoit le chant assourdissant des grenouilles dans la mare elle pense comment de si petites bêtes elle peut voir la délicate peau verte et si fine de leur cou se gonfler sous leur large bouche elle sent sa main sur la sienne. La ligne onduleuse des collines avec les bourrelets d'arbres et de haies se découpe en noir sur le ciel couleur puce où ne luisent que quelques étoiles. Elle retire sa main de sur la barrière, elle sent sa main sur son épaule, les grenouilles ont une voix noire. Le tireur peut encore lire facilement le titre du paragraphe imprimé en gras mais il est obligé de rapprocher le livre de la fenêtre pour déchiffrer le texte en fins caractères : Nous n'avons parlé jusqu'à présent que de l'action des eaux continentales sur les pierres et les terrains; mais l'eau des mers peut agir aussi. Le vent soufflant à la surface de la mer produit les vagues, qui viennent parfois se jeter avec violence sur les côtes. La mer entame alors les bords du continent, elle fait effondrer les roches et les terres, elle arrache les pierres les plus dures et les roule dans ses eaux. Comme dans le cas des eaux continentales, les roches seront détruites par la mer avec une inégale rapidité, suivant leur plus ou moins grande résistance. Lorsqu'une même roche aura des parties compactes et d'autres qui seront plus molles, les premières, moins vite démolies par les vagues, formeront au milieu de la mer des colonnes ou des piliers. Ainsi à Étretat (fig. 111), à Dieppe, etc., la craie qui forme les falaises au bord de la mer a des parties très friables et d'autres plus solides. Les premières s'écroulent plus vite et c'est ainsi qu'on voit se former sur le bord de la mer de grandes arcades de rochers soutenues par les parties les plus résistantes qui en forment les piliers. Au premier plan de l'image, les lignes qui représentent la mer s'espacent et s'épaississent à la fois, laissant entre elles par endroits des vides blancs, allongés et un peu boursouflés, comme de faibles rouleaux d'écume. A l'intérieur de chaque vague, les galets qui forment le fond semblent se soulever dans l'eau transparente, comme un tapis qu'on roulerait, puis la crête de la vague se brise et ils réapparaissent à leur place primitive pour se soulever de nouveau. Les vague-lettes viennent mourir l'une après l'autre sur le rivage avec un bruit frais. Il semble que çà et là des reflets roses jouent sur l'eau vert pâle. Le pour-voyeur pousse le coude du tireur et dit Oh Charlot j'te cause tu m'entends merde c'est le moment de bouquiner kes'tu lis? Il lui arrache le livre des mains, oriente les pages vers la fenêtre et lit le titre en caractères gras : 145. Destruction des côtes par les vagues. Il dit merde et la destruction des cons comme nous où c'est qu'ils en parlent? Il jette rageuse-ment le livre. Pendant que l'un des maçons main-tient à hauteur de sa poitrine les extrémités des planches qu'il soulève, l'autre, accroupi au-dessous, s'efforce de tirer à lui l'un des lourds tréteaux dont les pieds sont parfois bloqués par un amas de gravats, une brique ou une pierre coincées qu'il lui faut dégager à la main. A la fin il se relève, fait signe à l'autre ouvrier qu'il peut laisser retomber les planches et sort de la pièce pour y revenir peu après, poussant devant lui une brouette de fer à la roue

garnie d'un pneumatique. En travers de la brouette
est couchée une pelle de terrassier au fer arrondi et
ébréché. Elle sent ses moustaches sur son cou au-
dessous de son oreille elle sent ses lèvres elle sent
soudain sa langue humide et râpeuse sur sa peau elle
frissonne, la main à plat contre sa poitrine elle le
repousse, elle dit non laissez-moi je vous défends
non, elle se cambre contre la barrière et recule son
visage. Dans le noir il apparaît comme un ovale
imprécis, bleuâtre, dont les reliefs ne sont indiqués
que par deux taches sombres marquant les cavités
des yeux et une plus grande à la place de la bouche.
Il jette son cigare qui tombe sur une pierre du
chemin et une brève pluie d'étincelles s'éparpille
dans le noir. A travers le voile transparent contre
lequel elle lutte (ou avec lequel elle joue) son visage
lisse ressemble à une délicate porcelaine aux traits
estompés par un brouillard couleur d'herbe. Le vent
mêle ses cheveux aux plis du voile. Sa bouche est
rose. Chaque fois qu'elle parle on entrevoit ses
dents et quelquefois sa langue, rose aussi et mouillée. Lorsqu'il l'embrasse ses lèvres serrées s'ouvrent
peu à peu comme un fruit qu'on mord. Elle referme
la bouche et de nouveau recule la tête en la tournant rapidement de droite à gauche répétant non
ça suffit non je vous en prie laiss. Le bois de la
barrière coupe douloureusement son dos. Il l'enserre

de ses deux bras et colle sa bouche sur son cou blanc
offert. Il peut sentir une veine qui bat. Elle fait
shshshshshsh... Il peut sentir qu'elle n'a pas mis de
corset. Au-dessus d'elle elle voit les quelques étoiles
qui scintillent dans le ciel noir. Portée par ses ailes
déployées, immense, la mouette (le goéland?) se tient
parfaitement immobile dans l'air, suspendue au-
dessus du vide vertigineux, un peu plus haut que le
sommet de la falaise, si près d'eux que la jeune
femme pourrait presque la toucher de son ombrelle.
C'est à peine si parfois, d'un frémissement d'ailes ou
corrigeant l'orientation de ses rémiges, l'oiseau
conforte son équilibre, se laisse emporter dans une
courte glissade sur le côté, remonte, puis s'installe
à nouveau dans son impondérable immobilité, la
tête seule à l'œil vigilant pivotant par légers à-coups,
de quelques degrés, dans une direction ou l'autre.
Son bec crochu et jaune, son plumage immaculé,
éblouissant, se détachent sur le bleu plus bleu du ciel
dans le silencieux froissement de l'air qui glisse avec
une foudroyante rapidité sur son corps aux contours
doucement renflés. Sans bruit, sans effort, il reste
là, existant et superbe, porté par rien, comme une
sorte de défi non pas seulement aux lois de la pesan-
teur mais encore à l'impossible accouplement de
l'immobilité et du mouvement, de même que la mer
figée, le cargo à l'horizon et l'amoncellement rosé

des nuages qui s'entassent dans le lointain. Brusquement il bascule à la verticale et, emporté par le vent comme une feuille, plonge, disparaissant rapidement sur la droite. A l'horizon, le cargo est maintenant posé à droite et au-dessous de la montagne de nuages aux ombres mauves, mais toujours immobile. Toutefois peut-être a-t-il un peu diminué de grandeur. Rien ne bouge toujours dans le paisible et menaçant paysage que composent la corne du bois, le coteau, le chemin, le petit pont et les prés encadrés par le chambranle de la fenêtre. Assis sur la table, les jambes pendantes, le tireur tourne vers le jour le livre qu'il a ramassé. Il le feuillette jusqu'à ce qu'il retrouve la page où une gravure représente une falaise aux striures horizontales qui plonge dans la mer en dessinant une arche de forme ogivale comme un arc-boutant, ou comme si elle avançait une jambe. A demi masquée par celle-ci, on voit une roche en pain de sucre, presque aussi haute que la falaise et comme détachée d'elle, à la façon d'une tour, d'un phare ou d'une sentinelle. Sur la mer calme, représentée à l'aide de fines lignes parallèles, à peine ondulées, on aperçoit deux voiles claires, triangulaires, l'une dans le lointain, et, au premier plan, une barque vue de face (ou de l'arrière, le mauvais encrage ou le demi-jour ne permettant pas de distinguer) de chaque côté de laquelle dépassent de longs avirons, l'un presque à l'horizontale, l'autre légèrement incliné vers le haut. Des franges de gouttelettes lumineuses, diamantines, pendent aux extrémités des rames d'où elles retombent dans la mer. On distingue sur le flanc bombé du canot des lignes qui suivent la courbe du bordage et se détachent dans le reflet doré du soleil sur la peinture noire. La mer est si calme qu'il semble que l'on perçoive le bruit des avirons chaque fois qu'ils plongent dans l'eau et celui, plus faible, des gouttes qui retombent en chapelet lorsqu'ils se relèvent. La figure (111) a pour légende : Falaises formées par l'action des vagues sur les côtes. Elle halète. Il couvre son cou, sa bouche et ses tempes de baisers. Il embarrasse maladroitement ses doigts dans les boutons de son corsage. Elle repousse sa main. Il caresse ses seins sous l'étoffe. Les voix noires des petites grenouilles se font assourdissantes. Il fouille de sa langue dans sa bouche et leurs salives se mêlent. Il ne parvient pas à ouvrir les boutons. Tout est noir. Au-dessus d'elle elle ne voit plus que son visage sans forme, noir. L'odeur noire du cigare est plus forte que celle des prés humides. Elle fait entendre un petit rire crispé et le repousse. Il dit je vous en prie je. De nouveau fuse le même petit rire crispé. Le menton levé, étirant son cou blanc, elle défait le camée qui ferme son col. Il se rapproche.

100

LEÇON DE CHOSES

Elle rit de nouveau nerveusement. Elle avance la paume gauche, la main verticale, un instant, puis, le menton sur la poitrine, elle replace avec soin dans son logement la pointe de la broche du camée. Fixé maintenant à un seul des côtés du col, le camée entraîne le tissu sous son poids, dégageant la naissance de la gorge. Elle cache son visage dans le creux de l'épaule de l'homme. La main de l'homme s'insinue par l'ouverture. Elle remue un moment sous l'étoffe puis fait sortir un des seins. Sans cesser de fouiller de sa langue la bouche mouillée de nouveau collée à la sienne, l'homme pétrit la boule tiède et gonflée. Il serre et desserre sa main ou frôle de la paume le mamelon élastique. Il s'écarte. Elle enfouit de nouveau sa tête dans son épaule. Sans cesser de la caresser, il regarde la coulée de chair laiteuse aux contours imprécis dans l'obscurité, marquée d'une lune sombre par la large aréole. Il se penche brusquement et l'engloutit dans sa bouche. La jeune femme fait entendre un long soupir et ils restent ainsi, elle légèrement cambrée, le bois de la barrière lui coupant le dos. Sa main erre et se crispe dans la chevelure de l'homme tandis qu'elle respire de plus en plus bruyamment. Parfois, de la bouche de l'homme, monte un bruit mouillé de succion. Le groupe noir et confus que forment l'homme et la jeune femme n'est animé que de

101

faibles mouvements. Les gestes des deux ouvriers sont de plus en plus lents. Dans le silence on entend les raclements métalliques de la pelle sur le sol et les chocs sourds des gravats lancés et tombant dans la brouette. Lorsque celle-ci est pleine, le jeune maçon appuie contre le mur le manche de la pelle qui glisse et le fer tinte en rebondissant sur le carrelage. Le son retentit dans la pièce vide. L'ouvrier se baisse et empoigne les brancards de la brouette. Un pan de chemise rose souillé de taches de plâtre est sorti de son pantalon et dépasse sous son tricot aux coudes troués et à la bordure démaillée d'où pendent des fils en tire-bouchon. Il est obligé de s'arc-bouter un court instant pour faire franchir à la roue le pas de pierre qui marque le seuil de la porte. Elle sursaute soudain et se dégage. Elle dit rapidement dans un souffle il y a quelqu'un. De ses mains tremblantes elle le repousse et essaie de reboutonner son corsage. Il dit quelqu'un où ça? Elle dit très bas là-bas. Il regarde. Il rit silencieusement et il dit mais non ce sont des vaches. Les doigts fébriles continuent à tâtonner à la recherche des boutons. Il dit regardez ma chérie. Les vaches sont couchées un peu plus loin, dans le pré que clôture la barrière, le long de la haie. On devine leurs masses confuses et les taches claires de leurs robes. Celle qui s'est levée se tient immobile, la tête tournée vers eux.

LEÇON DE CHOSES

Elle dit laissez-moi je pars il faut que je. Il la reprend dans ses bras. Elle renverse la tête dans un gémissement tandis qu'il l'étouffe sous sa bouche. Le chant puissant des grenouilles relègue à l'arrière-plan le crissement continu des criquets. Quand parfois le premier s'interrompt, la vaste stridulation resurgit, étale pour ainsi dire, sans bornes, comme le bruit même du silence, de la nuit. Lorsque la main qui palpe son corps à travers ses vêtements atteint le bas de son ventre, elle se raidit et essaye de se dégager. Elle dit non je vous déf. Il resserre encore l'étreinte de son bras gauche autour de son buste. A travers l'étoffe un peu raide, il peut sentir le renflement bombé, moelleux, sous l'épaisse toison de poils. Sa main va et vient de haut en bas et il le masse lentement. Peu à peu la jeune femme relâche ses muscles. Brusquement elle lui passe ses bras autour du cou et saisissant sa tête l'attire à elle collant avec emportement sa bouche à la sienne. Derrière lui, le tireur entend plusieurs personnes pénétrer dans la pièce et un bruit de voix s'élève en même temps que se produit du côté du lit un remue-ménage. Il ne se retourne pas et continue à lire : 8. CHARPENTE. Voici les fondations et les murs construits. Il faut encore fixer sur les murs de la maison les parties qui doivent soutenir les divers étages et le toit, ce que l'on appelle la *charpente*.

LEÇON DE CHOSES

On se sert ordinairement de poutres, c'est-à-dire de grands arbres que l'on a abattus, dont on a retiré l'écorce et auxquels on a donné à la hache une forme régulière (figure 5). On taille à la hache les gros troncs des arbres pour en faire des poutres. Il regarde la figure 5. L'encrage trop gras ne laisse entrevoir que quelques portions de fûts verticaux dans une forêt ténébreuse. A leur pied on devine les bustes de cinq ou six hommes en manches de chemise et brandissant des cognées. Tout à fait au premier plan apparaît, sortant du noir, l'extrémité d'un gros tronc équarri. Sur la gauche on voit la section d'un arbre qui vient d'être abattu. Le cœur de l'arbre est représenté par une tache grise d'où s'échappent vers la périphérie des traits noirs en étoile. On dirait que la scène se déroule au clair de lune. Les poutres vont d'un mur à l'... Dans son dos il entend une voix autoritaire qui donne des ordres et les respirations d'hommes tendus dans un effort. Les poutres vont d'un mur à l'autre et de leur solidité dépend la solidité de la maison. Aussi n'est-il pas indifférent de se servir d'un bois plutôt que d'un autre : les bois très compacts comme ceux de l'orme, du chêne, du châtaignier, par exemple, sont d'excellents bois de construction, qui se conservent très longtemps. Le pin au contraire et le peuplier dont le bois est beaucoup moins dur

n'ont pas autant de valeur pour les constructions;
ils sont cependant très employés parce qu'ils sont
bien meilleur marché. Le tireur perçoit dans son dos
le bruit des semelles cloutées de deux hommes portant sans doute un lourd fardeau car elles raclent
le carrelage. Quelques menus plâtras craquent en
s'écrasant sous les pieds. L'un des porteurs dit
attends je ne le tiens pas bien. Le bruit des pas s'interrompt, puis la même voix dit tu peux y aller, et
les porteurs franchissent le seuil. Au-dehors on les
entend s'éloigner. Peu après le chargeur et le pourvoyeur fixent sous les ordres du maréchal des logis
le matelas à carreaux bleus et blancs sur le vantail
gauche de la fenêtre. Le tireur regarde la large
tache d'un rouge foncé, gluante et brillante, qui
s'étale sur la toile, à peu près au milieu et vers le
haut. Il détourne la tête sans rien dire. Une seconde
vache se lève. Dans l'obscurité on devine ses mouvements gauches et heurtés qui se succèdent par
étapes — un peu à la façon des gestes décomposés
(arraché, épaulé, développé) d'un haltérophile his-
sant un poids énorme —, comme suivant un pro-
gramme méthodique, laborieux, établi une fois
pour toutes. Pour s'aider, elle balance son cou et
sa tête dont elle se sert comme d'un contrepoids,
réunissant d'abord sous elle ses pattes arrière, puis
les détendant, élevant comme une montagne sa

105

croupe osseuse, après quoi elle semble souffler un instant ainsi, l'arrière-train en l'air, agenouillée. Enfin, s'aidant toujours de vigoureux hochements de tête et dépliant une patte après l'autre, elle hisse son avant-train. Une fois debout, elle se tient à son tour immobile, de profil, à quelques mètres de sa compagne déjà levée et tournant comme elle sa tête en direction de la barrière. L'ombre du bois a maintenant entièrement recouvert le coteau. L'admirable lumière de la fin d'après-midi décline lentement sur les prés, le verger, le bois qui s'assombrit. Les rares nuages, presque immobiles, se teintent peu à peu de blond. A présent le tireur ne peut plus lire le texte du livre resté ouvert sur la table. C'est à peine si les titres ou les résumés imprimés en caractères gras se distinguent du reste. Les illustrations représentant des montagnes rocheuses, des carrières, des scieurs de long, des couvreurs, les différentes sortes de pierres, des potiers, des fours à plâtre, les déplacements des nuages au-dessus de la mer, des montgolfières, des dirigeables, des aéroplanes, des torrents, des lacs, des puits artésiens, des coupes de terrains, des fleuves, des falaises, des dunes, des glaciers, des cristaux de neige, des icebergs, des fossiles, des volcans, des galeries de mines, des hauts fourneaux, des forges, des fougères, des gueules-de-loup, des joubarbes, des campanules, des roseaux, des marécages, ne sont plus sur les pages que des rectangles noirs. Dans le silence de la nuit tissé par la stridulation continue des criquets et ponctué par le chant des grenouilles, on peut entendre le bruissement de la lourde jupe froissée. Elle a mis une robe sombre (noisette peut-être, ou prune?) qui se confonde avec la nuit, taillée dans une étoffe trop lourde (taffetas, faille?) se cassant en plis raides, dessinant des lignes brisées, des plans anguleux où la lumière obscure joue parfois en reflets moirés. Le tissu pesant s'accumule en épaisseurs rigides au-dessus du poignet de l'homme qui remue lentement, l'un de ses doigts enfoncé dans l'épaisse broussaille de poils noirs et humides. Les frottements du tissu font entendre un crissement rêche à chacun des faibles va-et-vient de la main. Fléchissant un peu les genoux elle écarte légèrement les cuisses. Elle n'entend plus les grenouilles ni les criquets. Elle entend l'afflux précipité du sang dans ses oreilles. Elle est à demi renversée sur la traverse de la barrière qui lui coupe le dos au-dessous des omoplates. Elle ne sent pas la brûlure à son doigt. Elle joue à faire tourner dans un sens puis dans l'autre le manche de l'ombrelle appuyé sur son épaule. Ils regardent les pêcheurs arc-boutés sur les barres du cabestan autour duquel s'enroule la corde tendue qu'ils doivent enjamber en levant haut

107

leurs pieds chaque fois que la ronde les ramène au-dessus. Certains sont chaussés de bottes de caoutchouc dans lesquelles sont rentrées les jambes en accordéon de leurs pantalons. L'un d'eux est pieds nus. Les plantes cornées des pieds semblent insensibles aux inégalités des gros galets sur lesquels ils se posent et qu'ils repoussent dans leur effort. Très lentement, centimètre par centimètre, le lourd bateau remonte la pente de la plage en glissant sur des traverses de bois savonnées. Sa coque est peinte en noir. Au-dessous de la lisse on peut lire son nom, Saint Vincent, en lettres blanches. Saint Léonard, Sainte Léocadie, Sainte Ursule, Sainte Blandine, Sainte Adèle, Saint Cyrille, Sainte Roseline, Saint Alexis, Saint Anselme, Saint Charles. On entend le souffle des pêcheurs peinant sur les barres hori- zontales du cabestan, passé lui aussi au goudron noir. Appuyé sur sa canne avec une élégante désin- volture, l'homme allume de nouveau un de ses minces et longs cigares. Saint Eustache, Saint Yves, Sainte Irène, Sainte Sophie, Sainte Emma, Sainte Véronique, Saint Judicaël. L'arrière du bateau est maintenant sur les galets secs et gris clair. Des gouttes lumineuses, diamantines, s'égrènent l'une après l'autre de sa poupe. La mer est calme. La bande de galets que recouvre et découvre chaque vague en se brisant puis en se retirant est d'une couleur brune, comme vernie, avec des ombres noires et des reflets bleu pâle, argentés. La main qui joue avec le manche de l'ombrelle a une délicate texture de porcelaine. Le manche se termine par une poignée qui va s'évasant comme le pilon d'un mortier. Des oiseaux, des fleurs (chrysanthèmes?) sont finement ciselés dans l'ivoire jaunâtre, entourant le corps écailleux d'un dragon dont la gueule pourvue de dents recourbées ouverte sur une langue pendante constitue l'extrémité de la poignée. Il saisit son mince poignet qu'il abaisse et les doigts délicats rencontrent le membre rigide. Sa main a un mouvement de recul mais il la maintient de force et l'oblige à se refermer sur le cylindre musculeux et chaud. Pour atténuer la pression de la traverse contre son dos et maintenir son équilibre, son autre bras abandonne les épaules de l'homme qu'il entourait et elle se cramponne à la barrière vermoulue. La chouette hulule dans le bois. Le son semble se répercuter plusieurs fois en échos dans l'entrelacement ténébreux des branches et sous les voûtes noires des feuillages. Ils se placent chacun de part et d'autre des tréteaux et se font face. Ils empoignent les bouts de la lourde planche, l'un des deux fait Ho!, ils la soulèvent, l'un poussant, l'autre tirant, de façon que l'extrémité tenue par le plus âgé vienne à ras de la barre transversale du tréteau sur laquelle elle repose. Lorsque l'opération est terminée, le plus âgé soulève les deux planches qu'il maintient à la hauteur de sa poitrine pendant que le plus jeune, accroupi au-dessous, attire à lui le lourd tréteau de fer qui glisse maintenant plus facilement sur le carrelage débarrassé des gravats. Indifférente et futile dans le parc obscur et ratissé, la jeune femme noircie par les flammes semble suspendue immobile, sans toucher terre, effleurant le sol de son ample jupe aérienne, estompée par les couches de suie, comme l'habitante ignifugée et paradoxale d'un monde souterrain, charbonneux et fleuri. Rien n'a toujours bougé dans le paisible et menaçant paysage que composent la corne du bois, le coteau, le chemin, le petit pont et les prés encadrés par le chambranle de la fenêtre. Cependant, à mesure que le jour décroît, les reliefs s'estompent graduellement, comme si les saillies, les avancées formées par les masses des feuillages, les buissons, le flanc arrondi du coteau s'affaissaient peu à peu, se détachaient avec la lumière par pans entiers glissant lentement, ne laissant plus subsister que des plages de couleurs uniformes, posées à plat, d'un vert qui va s'assombrissant sur le bois dont on ne distingue bientôt plus un arbre de l'autre tandis que les prés se grisent progressivement et que les pommiers ne sont plus sur le coteau que des taches aux contours irréguliers. Les deux maçons ont main-

tenant fini de déplacer l'échafaudage et contemplent
la nouvelle disposition du chantier. Avant de se
remettre au travail, le plus vieux traverse la pièce
et sort de la maison par la porte qui donne sur un
jardin ou plutôt un verger aux arbres clairsemés et
dans un état de semi-abandon. Il jette un coup d'œil
aux alentours puis, tout en ouvrant sa braguette,
il s'approche du mur contre lequel sont entassés les
gravats dont quelques-uns ont roulé jusqu'au pied
d'un rosier grimpant aux feuilles rares. Tandis
qu'il urine sur les gravats, il ne cesse de jeter des
regards autour de lui. Sous le jet du liquide qu'elle
absorbe, la poussière de plâtre se teinte de gris en
même temps qu'apparaît, lavée, la couleur brun-
rouge d'une brique dont un angle saille hors de
l'amas. Le vieux maçon décalotte et secoue à plusieurs reprises sa verge caoutchouteuse et molle
dont on entrevoit le gland d'un mauve pâle, bordé
de bleu, livide, comme si lui aussi avait été atteint
et recouvert par l'impalpable poussière, comme du
talc, s'insinuant sous les vêtements jusqu'aux parties les plus intimes. Après l'avoir secouée une dernière fois, il rentre sa verge dans son pantalon et
revient vers la porte en reboutonnant sa braguette,
marchant les jambes à demi fléchies et écartées.
Lorsqu'il franchit le seuil le soleil déclinant projette
devant lui son ombre échassière et distendue, sem-

blable à celle d'un cavalier sans monture. On ne distingue plus la vache morte (peut-être là-bas ces quatre maigres poteaux verticaux et plus clairs?) et toute la lumière semble s'être rassemblée dans l'eau du ruisseau qui, par endroits, apparaît en filaments d'argent. Sous l'arche du pont l'ombre est complètement noire. Dans le ciel, les nuages que n'entraîne plus maintenant aucun vent virent lentement du blond au saumon, puis au rose qui ne subsiste bientôt plus qu'à l'état de traces dans le gris qui les envahit en même temps que leurs formes se modifient elles aussi avec une infinie lenteur. Le ciel un moment vert s'éteint par degrés, pervenche à la fin. Le jeune ouvrier regarde son pouce sur l'articulation duquel une croûte faite de sang et de poussière s'est formée. Les deux vaches conservent toujours la même immobilité, leur tête tournée vers la barrière. L'une de celles qui ne se sont pas levées tourne aussi la tête par-dessus son épaule dans la même direction. L'homme s'est légèrement déplacé pour dégager son bassin sur le côté. Sans cesser de bouger ses doigts dans les poils collés en mèches gluantes qu'il écarte, il cherche de l'autre main à imprimer au frêle poignet un mouvement de va-et-vient. Peu à peu la jeune femme cesse d'opposer une résistance et d'elle-même maintenant remue la main qui enserre gauchement le membre gonflé.

Ses mouvements d'abord faibles et lents, comme si elle cédait à la contrainte ou par complaisance, s'accélèrent progressivement en même temps qu'elle halète de plus en plus bruyamment et ses doigts se resserrent jusqu'à ce qu'ils se crispent convulsivement, la main allant et venant avec une frénésie maladroite et l'homme étouffe une exclamation de douleur. A présent le soleil qui a tourné et dont les rayons presque horizontaux pénètrent par la fenêtre projette sur la cloison à demi démolie l'ombre déformée, presque noire, des tréteaux et de leurs planches au-dessus desquelles celle du vieux maçon de nouveau au travail apparaît étirée démesurément dans le sens de la largeur, comme quelque fantastique personnage télescopé, aux gestes amplifiés en oblique et aux contours dentelés d'accordéon, aplati sur le fond flamboyant des larges coquelicots dont la couleur est rallumée par les lueurs du couchant. Se détachant sur le ciel pervenche, le bois est tout à fait noir. Toujours assis sur la table, les jambes pendantes, à côté du livre ouvert qui n'est plus qu'un rectangle gris, le tireur contemple le léger brouillard qui stagne en écharpes au-dessus des prés. On ne distingue plus les pattes de la vache morte. A travers la brume on peut voir encore luire par endroits l'eau du ruisseau dont toutefois l'éclat argenté s'éteint peu à peu. Le verger, le pont avec son amoncellement hérissé ainsi que le chemin se fondent dans l'ombre. Cependant le tracé de celui-ci se devine encore aux taches blanches (journaux, linges?) que l'on distingue dans le crépuscule, éparpillées sur ses bords. Cette fois le sourd fracas de l'éboulement secoue la maison toute entière. Il est encore suivi pendant quelques instants par les bruits des chutes de quelques pierres ou de quelques briques, puis le silence se fait. Les coups de masses ont cessé de retentir. Pendant un moment le silence est complet jusqu'à ce que soudain la voix du jeune maçon se fasse entendre, appelant à l'aide, à l'intérieur de la maison d'abord, puis dehors. 7 — RÉSUMÉ. Les principales *pierres* qu'on emploie pour construire une maison sont les suivantes : pierres de taille qu'on retire des carrières; briques et tuiles que l'on fait avec de l'argile; sable et chaux (tirée de la pierre à chaux) qui servent à faire le mortier; ardoises taillées dans des schistes; marbre tiré des carrières; plâtre fabriqué avec de la pierre à plâtre; grès et granit exploités aussi dans des carrières. On se sert aussi de charbon de terre ou houille pour chauffer la maison. Les autres matériaux qui servent à la construction d'une maison sont surtout du bois et du fer. On emploie aussi le plomb, le zinc, le laiton, le verre, le papier et la peinture. Les murs sont le plus souvent construits avec des pierres et des

LEÇON DE CHOSES

briques reliées entre elles avec du *mortier*. Le mortier est un mélange d'eau, de chaux et de sable. Il durcit au bout d'un certain temps et réunit solidement entre elles les pierres ou les briques.

DIVERTISSEMENT II

...une veine encore que j'aie pu choper un de ces cons de gailles par la bride au moment où il me dépassait à moitié folle qu'elle était cette carne la tête en tour Eiffel et les yeux pas en face des trous l'a même pas ralenti bon dieu j'ai cru qu'elle m'arrachait le bras mais j'ai tenu bon j'ai pas lâché moi que j'avais jamais été fortiche pour ça au manège je t'ai fait un de ces numéros de voltige que je pourrais encore y vendre la recette à leurs covboyes technicolor maintenant si tu me demandes comment va voir le film à la télé aujourd'hui qu'i repassent pour les gogos l'histoire de la guerre en quinze épisodes avec orchestre et cuivres sauf que ce jour-là crois-moi il était aussi sacrément long et qu'y avait personne pour faire du cinéma sauf ma pomme tout ce que je me souviens c'est que je sais pas si c'était une pédale ou le pommeau ou la coquille du sabre mais j'ai morflé un de ces gnons en pleine poire que je te

dis que ça chandelles romaines et tourniquets feux
d'artifesse en tous genres une dent cassée et la lèvre
pétée en deux tiens t'as qu'à voir y a encore la cica-
trice pour ça dans un sens ces saloperies au sirop
ensuite ça a été une bénédiction et le Dudule il avait
eu une bonne idée de se faire effacer vu qu'après
j'étais plus capable que d'enfourner ces trucs mous
sur le côté en tout cas quand j'ai arrêté de voir des
soleils j'étais dessus bien cramponné et i fallait j'te
jure pasque si t'as jamais vu une carne emballée
dingue comme celle-là t'as rien vu continue comme
ça ma cocotte tu me bottes plus vite on ira mieux que
ça me va galoper sur du ballast fais-moi confiance
rien de pareil pour leur arranger la sole (la sole c'est
le dessous du pied des chevaux) alors... Je sais, dit le
jeune maçon, j'ai travaillé dans un cirque. Le vieux
maçon dit c'est vrai j'avais oublié mince comment
que ça se fait que tu aies laissé tomber ça doit toujours être moins moche que. Le jeune maçon dit je
me suis marié tu ne peux pas coucher tous les soirs
dans une autre ville si tu es marié. Le vieux maçon
dit t'aurais dû te marier avec l'écuyère. Il rit. Le
jeune maçon dit ma femme elle est couturière on a
deux gosses la grande a onze ans. Il parle sur un ton
légèrement offensé. Il dit j'étais dans la musique le
samedi je joue dans les bals. Le vieux maçon dit y a
pas de mal où c'est que j'en étais déjà oui galoper

sur du ballast tu parles elle avait pas fait un kilo-
mètre qu'elle boitait comme un canard non mais
sans blague kes' tu crois qu'on va s'arrêter pour
brouter l'herbe hue ma jolie c'est pas encore le
poteau du Souistèke marche ou crève hue donc hue!
j'avais bonne mine j'te jure ensuite à dada sur cette
carne qui marchait plus que sur trois pattes et vas-y
que je te lui bourre la paillasse à coups de tatanes
et ces ordures de motorisés qui me dépassaient en se
boyautant t'y arriveras jamais qu'i me criaient les
ponts sautent dans cinq minutes cornard cocu
fumiers tu crois qu'i se seraient arrêtés pour me
prendre Dans l'os que tu l'as dans le dos la balayette
ah ah qu'ils criaient et je me marre et je me marre
et avance toi bougre de merde d'ânesse putain de ta
mère ma mort que c'était t'aurais dit qu'elle le faisait exprès qu'elle s'était mise à galoper à reculons
en soufflant comme un vieux phoque j'en avais mal
aux cannes à force d'y taper dedans tellement que le
soir les molettes de mes éperons elles pouvaient plus
tourner rapport que c'étaient plus que deux boulettes
de sang séché Pauv' bête pauv' bête qu'il arrêtait
pas de répéter le pitaine quand j'ai rejoint dites Du
Gland regardez dans quel état cette pauvre Et moi
pauv' quoi alors? i s'en cognait pas mal j'avais la
lèvre comme une tomate c'est tout juste si i s'en est
aperçu Qu'est-ce que vous avez? qu'i me dit tu crois

121

qu'i me regardait il était de nouveau penché sur les pattes de cette bique un homme à côté d'un cheval hein qu'est-ce que c'est pas vrai? C'est rien que je dis tout brave c'est qu'une coupure tu parles i m'avait déjà oublié pauv' bête pauv' bête j'aurais morflé un pruneau que ça lui aurait fait ni chaud ni froid mais de voir un de ses ours esquinté il en sanglotait presque la grande vache Allez rejoindre votre peloton qu'i me dit je dis Où ça? i me dit là-bas un peu plus loin dans la forêt mais menez-la par la bride et après i se retourne comme si j'étais quelque chose à peu près comme du caca et i reprend sa causette avec les deux autres emmanchés tous les trois debout sur le bord de la route très mecs de la haute conversation mondaine après le concours hippique aussi raides que s'ils portaient des corsets comme des espèces d'oiseaux empaillés garden-party au Club de l'Étrier au Cercle de l'Éperon et si De la Tronche il a bien passé la triple barre ou si Du Mollard il a fait une faute au mur de briques et ci et ça vous avez vu le chapeau de la colonelle manquait plus que les dames avec leurs ombrelles sous les frondaisons dorées par le couchant comme tu lis dans les bouquins un tantinet soucieux quand même comme on dit aussi Chaude affaire que j'ai entendu mince pasque tout ce cirque... sans offense hein? Y a pas d'offense dit l'autre maçon moi j'étais dans la

musique. Sans offense je dis cirque c'est une expression alors tout ce cirque ils appelaient ça une affaire
mince chaude affaire chaude-pisse oui Et ce pauvre
Saint-Euverte? qu'il leur demande parce qu'il faut
dire que ces types-là ils ont tous des noms qui se
dévissent trois fois avant ou après celui de leur
paroisse tu croirais lire le calendrier, ou la carte des
vins dans un restaurant Saint Émilion Saint Estève
Sainte Rose Saint Romain Saint Rémy Saint Michel
Saint Eustache lui le kador comment c'était déjà
son blaze attends voir sa paroisse je sais plus mais
l'autre ça faisait plutôt choucroute quelque chose
comme Brissach ou Ritmeister Reichenbach ça y
est ça me revient Reixach j'y suis baron de mes deux
pas étonnant qu'avec des officiers chleuhs pour nous
commander ça ait tourné à l'abattoir tous d'accord
qu'i z étaient hein quoi? un nom de chez toi Reixach?
Après tout si tu le dis tu dois le savoir c'est bien possible vu que chleuhs ou espinglos c'est du pareil au
même tous fascistes de mes sans offense hein? Le
jeune maçon dit je suis de l'Ampurdan c'est pas
l'Espagne. Le vieux maçon dit pas l'Espagne quelle
langue tu causes? Le jeune maçon dit le catalan
mais je parle aussi castillan je. Le vieux maçon dit
sans offense c'est pas des gars comme toi ou comme
moi que je cause alors je l'entends qui dit ce pauvre
Saint Estève comment est-ce arrivé est-ce que quel-

qu'un Une coupure que je dis I se retourne l'air de quoi il est encore là çui-là? L'infirmier vous fera un pansement qu'i me dit le poste est à trois cents mètres à droite mais conduisez-la par la bride Coupure dans le cul que je me suis retenu de lui dire l'a pris une valda dans les miches votre Saint-Euverte du coup c'était Sainte-Ouverte ah ah je peux vous le raconter moi rapport à ce que j'étais juste derrière lui quand i se cavalait comme nous bille en tête direction la coupure je veux dire la tranchée de chemin de fer remarque que question de voir j'avais rien vu d'autre que les fers arrière du gaille qui galopait devant le mien j'avais assez à m'occuper de ma pomme la tête rentrée dans les épaules et tout entière si j'avais pu façon tortue rapport à ces merdes de bastos qui nous rasaient les oreilles c'est comme ça que tout à coup à la place des sabots j'ai plus rien vu que ces putains de rails au fin fond du fond quarante mètres plus bas tout ce que tu te rends compte dans un cirque de ce genre Sans offense hein? Moi j'étais dans la musique répète le jeune maçon une fois seulement j'ai remplacé un clown mais c'était pas. Sans offense dit le vieux maçon disons si tu préfères une arnaque comme ça une chaude affaire comme ils l'appelaient tout ce que tu te rends compte dans le brouillard c'est qu'à droite ou à gauche y a de temps en temps un canasson et son jockey qui roulent

les quat' fers en l'air ou alors un crack qui te dépasse
forcément vu qu'il a plus personne sur le dos quant
à savoir qui c'est le personne t'es déjà loin et tu
regardes pas par-derrière crois-moi alors manque
de pot de vache vu que c'en était aussi une belle ce
petit merdeux de la Sainte-Ouverte que son plus
chouette plaisir c'était de te faire poser des revues
d'armes et passer son petit doigt gant blanc dans
la gorge de la culasse là où c'est que tu peux jamais
arriver à enlever complètement la graisse la Sainte-
Ouverte je pourrais pas dire exactement où ni comment mais la petite tranchée il avait dû y faire
quelque part une faute comme le De la Tronche
Saint-Léger sur le mur de brique à la fête du Club
de l'Étron je sais pas si c'était avant pendant ou
après mais en tout cas ensuite on l'a plus revu de profundis amen probable qu'il a eu droit à sa décoration
posthume glorieusement tombé à la tête de son peloton sauf que c'était machine arrière toute sauve-qui-
peut enfin ça aura toujours fait plaisir à Madame
de Sainte-Verte mère de cette petite peau de vache
ou à Madame épouse de feu la Pas-mûre née du Truc
de Mes Choses qu'elle l'aura sans doute accroché à
sa photographie comme ça elle doit encore faire chier
son successeur Du Machin de Mes Quatre réformé
pour connerie aiguë et qu'aura fait la guerre et sa
pelote dans la fabrication des godillots bon salut

bonsoir cette fois au moins c'était pas un petit bois
je les trouve et je dis ohé les gars c'est moi v'là le
héros le rescapé de la chaude-pisse qu'est-ce qu'y a
à bouffer? i me disent la bouffe on l'a déjà eue (à ce
moment Dudule il avait pas encore été effacé) je dis
et ma part? i me disent on croyait que t'étais mort et
i se remettent à piocher je dis gentil à vous la guerre
c'est plutôt moche mais au moins ça a ça d'utile que
ça développe l'esprit de camaraderie et qu'on s'y
fait de bons copains merci i mouftent pas et i
continuent à piocher je dis kes' vous faites? i me
disent tu vois pas Ducon on fait des trous je dis
pourquoi? i disent à cause des bombes andouille je
dis mince c'est pas fini ce cinéma je croyais qu'on
avait terminé notre boulot et les biffins alors? qu'est-
ce que je pouvais être connard j'avais pas encore
compris rassure-toi deux jours plus tard j'étais drôlement au courant bref là-dessus v'là cet enfoiré de
boutonneux qui s'amène et qui me dit dépêche-toi
de creuser ton trou qu'est-ce que tu attends? je dis
sans bouffer? i me dit kes' tu veux que j'y fasse
bouffe ton singe on te fera un bon Mon singe que
je dis c'est même pas ma bique vous voyez pas?
Mince qu'i dit dans quel état que tu l'as mise cette
pauv' bête Merde ça recommençait c'était pas
croyable y en avait que pour elle de quoi grimper
aux arbres j'te jure du coup il arrête de se presser

le pus de ses boutons i me regarde mauvais et i se met à lui palper les paturons en lui soulevant les pieds pour y regarder la sole mince qu'i dit qu'est-ce qu'elle a? des coupures j'i dis des cailloux de ballast c'est plutôt coupant figurez-vous Bon dieu qu'i dit esquinter une bête comme ça c'est Et merde que je lui gueule vous auriez préféré que ce soit moi l'esquinté? les autres i s'arrêtent de piocher et i regardent Tu vas la fermer qu'i me gueule aussi ça suffit comme ça va creuser ton trou Avec quoi? que j'i dis Une pelle-pioche c'est pour quoi faire? qu'i me dit Quelle pelle-pioche? j'i dis Et ça qu'i me dit c'est une bite? manque de pot y en avait une bouclée à une des sacoches si ça se trouve c'était cette saloperie qui m'avait pété la lèvre Très bien je dis ouesterne séances permanentes toute la journée et pour dîner la terrasse au poil comment i faut le faire ce trou? il pressait ses boutons et ensuite i regardait les croûtes sous ses ongles comme si c'étaient des perles ça l'intéressait plus que tout ses boutons même en pleine castagne i pouvait pas les oublier Alors comment qu'i doit être grand ce trou j'i répète Pour te coucher dedans connard qu'i me dit regarde les autres c'était gai on aurait dit des tombes Nom de Dieu je dis Sans offense hein?... Si c'est parce que je m'appelle Jésus t'en fais pas dit le jeune maçon chez nous c'est un nom comme

Pierre ou Jacques ici mais moi je suis pas croyant
tu vas te marrer mais dans mon patelin j'habitais
Camino del la Virgen : Antonio Jesus Camino del la
Virgen ah ah... Sans offense je dis marrant comme
ça on creuse notre cimetière? Tu te crois rigolo qu'i
me dit Combien y en a? que je dis Des quoi? qu'i me
dit des trous? Non que je dis des qu'on leur a mangé
leur soupe comme à moi? Oh qu'i me dit ta soupe tu
nous les casses Vingt-quatre mais comme t'es là ça
fait plus que vingt-trois demain on va refondre les
pelotons Mince de rab' que je dis vingt-quatre comme
ça au moins vous vous êtes farci la panse Ça suffit
qu'i répète Une paille pour une coupure que je dis
vingt-trois Quelle coupure? i dit En me rasant ce
matin pour me faire beau que je dis vous voyez pas
ma lèvre? Tu voudrais peut-être qu'on te donne la
croix de guerre qu'i me dit Croix de guerre mon cul
que je dis maintenant je comprends pourquoi le
pitaine il parlait d'une affaire elle était chaude au
moins? Quoi? qu'i me dit La soupe à Dudule que je
dis T'y vas un peu fort! qu'i me dit c'est pas parce
qu'on Oh que je dis y en a des bonnes et des mauvaises Des mauvaises quoi? qu'i dit Affaires que je
dis mon cousin Lévy qu'est à la Bourse Lévy t'es
juif? qu'i me dit t'as pourtant pas un nom youpin
Ses croûtes après qu'il les avait bien zieutées il les
bouffait Je parlais de bourses on sort tous des

mêmes que je lui dis on descend tous du père Adam
Ça va qu'i me dit je comprends que tu sois un peu
secoué Secoué tu parles que je lui dis juif vous vou-
lez que je vous montre ma bite? Allons qu'i dit
ça suffit Vous pouvez croire que je l'ai pas secouée
que je dis je me demande d'ailleurs comment j'aurais
fait pour la trouver elle devait pas être plus grosse
qu'un haricot pour rien vous cacher margis je
l'avais à zéro Alors qu'i me dit maintenant que t'as
bien déconné tu vas le creuser ce trou? Qu'est-ce
qu'i z ont vos éperons? que je dis Qu'est-ce qu'i z
ont quoi? qu'i dit Il écarte une jambe comme pour
faire un pet et i regarde Les molettes que j'i dis c'te
croûte on dirait du sang séché A moins que ça soit
la confiture à Dudule? Non mais sans blague qu'i
dit C'est pas comme ce pauv' lieutenant de l'Ouverte
que je dis Quoi qu'i dit qu'est-ce que tu racontes?
après tout c'était pas le kador alors pourquoi que je
me serais gêné le coup de la soupe après celui de la
tranchée et le bouquet c't'ordure qui venait encore
me chercher des crosses comme si qu'on était au
quartier j'étais plutôt en pétard L'a pris un bastos
en plein dans l'oignon que j'i dis ça le lui a élargi
Tu chies un peu dans la colle! qu'i se fout à gueuler
Estime-toi heureux que j'aie rien entendu tu es
choqué déboucle-moi cette pelle-pioche et va creuser
ton trou maintenant c'est un ordre Un sacré trou

qu'elle lui a fait que je dis même qu'elle a dû lui ressortir par le cigare vu sa position Quelle position? qu'i me dit La position numéro un du gradé de cavalerie je lui dis i me semblait que vous la connaissiez aussi le cul en porte-manteau et le nez sur l'encolure manuel du service en campagne page 23 modèle Reichshoffen modifié 40 Tu sais plus ce que tu dis tu es choqué qu'i me dit c'est normal après une journée comme celle-là allez va-t'en creus Je suis pas choqué que j'i dis seulement j'ai rien briffé depuis hier et j'ai passé la journée dans une chaude-pisse la différence c'est que je la ramène pas comme d'autres qui les ont aussi à zéro que moi Pour qui tu parles qu'i me dit fais gaffe de Pour personne que je lui dis pour les chiards que j'aurai jamais Tu parles d'une crème d'enculé que c'était çui-là dis donc si par hasard t'aurais un peu de rab de caoua moi j'ai oublié mon thermos...

LA CHARGE DE REICHSHOFFEN

Ils balbutient tous deux des mots sans suite et incohérents. Elle est maintenant toute dépoitraillée, les deux seins tachés de sombre soulignés par deux ombres estompées en forme de croissants ou de parenthèses horizontales, d'un noir bleuté aussi. Il cherche à la faire se coucher. La barrière à laquelle ils sont appuyés grince à chacun de leurs mouvements. Elle s'accroche de sa main crispée à la traverse. Elle ne sent pas la brûlure à son doigt. Elle halète. Elle dit d'une voix entrecoupée je vous en prie je vous en prie pas ici pas l'herbe est toute mouillée il il y a plein de ros de rosée. Èlle écarte les cuisses, portant son bassin en avant. Elle dit oui oui moi aussi mais pas ici oui moi aussi mon chéri mais l'her l'herbe. Les petites grenouilles coassent sans trêve. Quelque chose de sombre apparaît, s'immobilise, recule, puis s'immobilise de nouveau, à demi caché par les feuillages au débouché du che-

min qui contourne la corne du bois et le cœur du
tireur bat soudain à une cadence plus rapide tandis
que son doigt se contracte sur la détente de l'arme.
Dans le contre-jour et à cette distance, il est difficile
de distinguer la nature exacte de la forme qui maintenant ne bouge plus. Au bout d'un moment, elle se
détache cependant des feuillages et à mesure qu'elle
se rapproche avec une prudente lenteur se précise
peu à peu la silhouette d'un motocycliste conduisant
un side-car. Le tireur règle la direction de son arme
de façon que dans l'œilleton de visée le side-car se
trouve juste au-dessus de la mire, effleurant celle-ci.
Il peut maintenant voir aussi le passager du side sur
la carène duquel est fixée une arme. Le véhicule
continue à progresser avec lenteur, s'arrêtant par
moments, puis repartant, sur le chemin bordé
d'épaves. Par d'infimes rotations du manchon de la
béquille qu'il déplace légèrement, le tireur continue
à le suivre, toujours au ras de la mire. Le side-car
approche de la limite de l'ombre que projettent les
cimes des arbres du bois sur le chemin, un peu avant
l'automobile abandonnée. Dans la poitrine du tireur
les chocs se font de plus en plus forts. Tout à coup,
soit qu'il ait perçu un mouvement, un reflet, soit que
la barricade sur le pont cachée jusque-là par la
courbe du chemin ou un accident du terrain lui soit
soudain apparue, le conducteur du side fait brusque-

ment demi-tour et repart à plein gaz en sens inverse. En même temps qu'il entend la pétarade du moteur emballé, le tireur perçoit la voix du chargeur qui crie Vas-y descends-le vas-y i se barre merde i, la voix soudain couverte par le bruit assourdissant de la rafale qui secoue le fusil-mitrailleur tandis que les douilles éjectées tombent en cascade sur la table et le carrelage. Le side-car file rapidement sur le chemin et disparaît derrière la corne du bois. La crosse de l'arme cesse de tressauter contre l'épaule du tireur et dans le silence qui reflue on peut entendre sa respiration plus rapide ainsi que celle du chargeur. Une odeur lourde d'huile chauffée s'exhale de l'arme. Le tireur dit merde alors l'enfant de putain. Au bout d'un moment ses muscles se relâchent mais son corps continue d'être parcouru d'un léger tremblement. Peu après il entend le bruit des bottes et des éperons qui sonnent sur le carrelage en se rapprochant et une voix autoritaire dit au-dessus de lui qui est-ce qui a tiré c'est ici? Le jeune maçon frappe à petits coups la coquille d'un œuf dur contre un angle de la plus haute des briques qu'il a empilées en guise de table. Ses mouvements s'accompagnent d'un faible bruit de calcaire écrasé. Lorsqu'elle est suffisamment fendillée, il arrache avec l'ongle du pouce les fragments de la coquille dont certains se détachent par larges plaques concaves,

d'autres en menus éclats que maintient assemblés une
fine membrane élastique. Les débris de coquille
tombent sur la page de journal déchirée qui lui sert de
nappe, quelquefois à l'envers, formant ailleurs de
petites coupoles aplaties aux bords dentelés, d'un rose
saumon pâle semé par endroits de points roux. Il finit
d'enlever avec soin les derniers fragments adhérant à
l'œuf qu'il tient maintenant de sa main gauche, vertical, le gros bout reposant sur ses doigts réunis en
gobelet. La surface lisse de l'œuf brille d'un éclat
bleuté et reflète le rectangle de la fenêtre étiré en longueur et arrondi sur son flanc bombé. En fait, à un
degré moindre de lecture, invisible mais cependant
présente sur la courbure polie, l'image virtuelle de la
pièce (plafond, murs, sol) vient se rassembler, englo-
bant les gravats, les outils, les échafaudages et les deux
occupants dans une sorte de microcosme ovulaire dont
le centre condenserait l'univers tout entier. Le jeune
maçon saupoudre de sel la pointe de l'œuf qu'il entame
d'un coup de dents. Le haut de l'image virtuelle de la
fenêtre a disparu. Convergeant comme sur les parois
d'un dôme amputé de sa calotte, les reflets ébréchés
encerclent maintenant un cratère au cœur jaune cons-
titué d'une matière granuleuse et opaque, comme si
la totalité des images attirées et pénétrant par la surface luisante venait pour ainsi dire se précipiter, se
concasser dans un noyau serré, à la fois commencement

et fin, dont la lumière révèle soudain la couleur en même temps solaire et végétale. Dans l'épaisseur de l'anneau de blanc élastique qui entoure le jaune on peut voir la trace striée des dents. Il cherche à la renverser sur le côté. Les tréteaux de l'échafaudage grincent à chacun de leurs mouvements. Elle s'appuie en se cramponnant d'une main à l'une des planches rugueuses parsemées de menus éclats de plâtre. La tranche de la planche est hérissée d'échardes. Elle ne les sent pas. Elle halète, elle dit oui moi aussi je vous je mais pas ici c'est plein de saletés de gravats. Le rebord de la planche scie son dos à hauteur des omoplates. Elle glisse et se rattrape au montant droit du tréteau. Les vêtements, les mains, les touffes de cheveux qui s'échappent de leurs casquettes, les visages et même les cils des deux maçons sont poudrés de blanc. Le plus vieux se cure longuement les dents avec la pointe de son couteau et crache ensuite devant lui de minuscules parcelles d'aliments. Son compagnon dévisse le couvercle d'un thermos, secoue pour l'égoutter son gobelet de plastique orange et le remplit de café fumant. Le vieux a fini de se curer les dents et roule une cigarette. Des brins de tabac brun s'échappent de la légère feuille de papier pliée en dièdre où il les tasse de son doigt épais à l'ongle ébréché, large et plat, bordé de noir. Il passe aller retour sa langue sur le bord gommé du papier et le rabat. La partie

humectée de salive devient grise. La cigarette a la
forme d'un cylindre aplati, formant un ventre, bosselé
et parsemé dans la partie mouillée de fines rides
obliques où le papier plus épais se détache en clair
sur le fond gris, presque transparent, et à travers
lequel on distingue les reliefs des brins de tabac. Le
jeune ouvrier dit t'as pas un verre? L'autre dit non
mais t'as qu'à m'en mettre dans le couvercle du thermos. Tous les deux boivent le café brûlant à petites
gorgées. L'air qui passe entre leurs lèvres à peine
desserrées chuinte avec le liquide en produisant un
bruit de succion. Le lieutenant répète qui a tiré c'est
ici qu'est-ce qui vous prend j'avais. Le tireur bascule
légèrement sur le côté et s'appuie sur son coude droit.
Le chargeur et lui tournent la tête en arrière vers le
nouveau venu et ils restent ainsi tous les deux, respi-
rant un peu trop rapidement, les mains et les bras
agités d'un imperceptible frémissement. Le gradé est
très jeune lui aussi. Toutefois, à la différence des deux
cavaliers, sa tenue et ses cuirs sont propres et il est
rasé de près, ce qui lui donne malgré la fatigue qui
marque aussi ses traits un aspect presque enfantin.
Avec la jugulaire de son casque serrée sur le menton il
ressemble à un écolier revêtu d'une panoplie. Il fait
un effort visible pour surmonter ou du moins cacher sa
propre nervosité et s'efforce de parler d'une voix à la
fois autoritaire et calme mais ne fait que répéter j'avais

dit le capitaine j'avais donné l'ordre de ne. Les deux cavaliers, l'un toujours couché et appuyé sur son coude, l'autre qui s'est remis debout, le regardent sans répondre. Pour cacher sa gêne et son propre trouble, il se saisit des jumelles qui pendent sur sa poitrine. La brouette tressaute lorsque sa roue retombe au bout de la planche inclinée posée sur les deux marches au-dessous de la porte. Le jeune maçon tourne alors dans la cour et déverse le contenu de la brouette contre le pied du mur où s'entasse déjà un amas de gravats. La cour est pavée de petits galets ovales inégaux et serrés, parfois verdis de mousse. Le tas de gravats forme contre le mur un demi-cône évasé dont la base, sur l'un des côtés, atteint le pied d'un laurier aux feuilles sombres et gaufrées. Un autre laurier aux longues feuilles pointues, d'un vert gris, et aux grappes de fleurs roses pousse contre le mur d'en face et une treille couvre la cour d'une sorte de plafond végétal et festonné. Le soleil déclinant frappe à contre-jour une toile d'araignée qui dessine sur le fond sombre du laurier un réseau serré de fins polygones concentriques et étincelants. Le nouvel apport de gravats recouvre la tache encore humide creusant une légère cuvette en forme de guitare allongée prolongée par un chapelet de taches plus petites allant décroissant laissées par l'urine de l'autre ouvrier. Perché au soleil sur une cheminée, un oiseau minuscule relance sur une seule note un cri aigu, lancinant par sa répétition. Tout à coup l'homme dit Alors comme ça! et la retournant brutalement la penche en avant sur la barrière. De sa main gauche, il pèse sur son dos tandis que sa main droite relève sa jupe jusqu'au-dessus des hanches. Elle dit Non pas non je. Il pèse encore plus fort, de tout son poids, entre les omoplates, sur le dos horizontal. On entend un bruit de soie déchiré. Sous l'arceau formé par les plis accumulés de l'étoffe sombre les fesses très blanches font une tache faiblement lumineuse fendue par une ligne sombre, estompée et bleu-noir. De la main droite l'homme tient la base de son membre dont il pousse la tête entre les poils bouclés et mouillés. Ses bras repliés sur la traverse, le visage enfoui dans les bouillonnements d'étoffe, à demi étouffée, la femme fait entendre un long chuintement. A travers ses jumelles, le lieutenant inspecte longuement la lisière et la corne du bois où plus rien ne bouge puis, les abaissant lentement, il suit le tracé du chemin qui se dirige vers le pont. Dans les lentilles doubles glissent de bas en haut en se déformant selon leur courbure les valises crevées, les hardes, les comment dire : épaves, détritus? abandonnés et éparpillés le long du chemin et sur ses bords. Un peu en arrière de la voiture inclinée dans le fossé se trouve un amas d'étoffe noire, comme une forme humaine recroquevillée et couchée sur le côté. Le tas sombre n'est peut-être fait que de chiffons et de nippes. Cependant il en sort deux bâtons maigres, dessinant un V, qui pourraient être des jambes. Le lieutenant peut voir distinctement les portières de l'automobile restées ouvertes. Par l'une d'elles s'échappe une longue bande (un drap déchiré?) de tissu blanc. Le verre de l'un des phares est cassé et le pare-brise étoilé par un choc. Les branches irrégulières de l'étoile s'étirent comme des tentacules, certaines d'entre elles coudées, et brillent, argentées, dans le soleil qui frappe la vitre à contre-jour. Les jumelles continuent à s'abaisser et la voiture est maintenant à demi masquée par le sommet hérissé du fouillis hétéroclite entassé sur le pont. Le lieutenant tourne la molette des jumelles et met au point. Il peut voir le parapet, la mousse et les taches de lichens jaunes sur les pierres, la voûte arrondie de l'arche. Le ruisseau est bordé de longues herbes et de joncs entre lesquels il voit l'eau que semble n'animer aucun courant, sa surface seulement parcourue de rides minuscules et parallèles que la faible brise du soir inclinant à peine les joncs pousse lentement de droite à gauche. Sur la voûte de l'arche, le soleil réfléchi par l'eau fait jouer un lacis de marbrures lumineuses qui se déforme et se reforme sans cesse. Dans le pré, la vache morte dresse vers le ciel ses quatre pattes raides comme des piquets. Son ventre, son corps tout entier sont gonflés à éclater, comme un de ces jouets de baudruche. On ne voit pas de blessure apparente mais les jumelles sont assez puissantes pour qu'il distingue le vol des grosses mouches qui se posent, s'élèvent, tournoient et se reposent sur le corps, certaines pénétrant dans les naseaux à la tendre peau rose. Il ne peut pas entendre leur bourdonnement. Des mouches tournoient aussi au-dessus de la forme noire recroquevillée sur le chemin. L'homme ne fait plus maintenant que prendre appui de son bras tendu sur les reins de la jeune femme qu'il force à les creuser. Elle se cambre et tend sa croupe vers lui. Il sent la chair soyeuse et brûlante coiffer son gland. Mouvant silencieusement sa masse énorme, l'une des deux vaches debout se met en marche. Posant sans bruit l'un après l'autre ses sabots dans l'herbe noire elle longe lentement la haie et se rapproche de la barrière. Le gland congestionné, gonflé comme une prune, glisse entre les replis doux et chauds des muqueuses qui s'écartent sous sa poussée. Les fesses nerveuses ont de faibles soubresauts. Comme si elle se déplaçait dans un univers irréel, privé de sons, la vache continue à progresser le long de la haie. Tenant toujours de la main la base de son membre, l'homme tire en arrière la peau du fourreau qui s'accumule et forme une collerette de replis après le bourrelet du gland. Peu à peu la longue verge noire disparaît dans l'épaisse broussaille de poils. Ses nodosités froissent la chair humide qui se resserre sur elles, puis, brusquement, elle s'enfonce toute entière. Un long soupir s'exhale d'entre les bouillonnements d'étoffe où le visage de la jeune femme est enfoui. La vache se rapproche encore. Les faibles bruissements de l'herbe qu'elle foule, le bruit de succion de la terre spongieuse écrasée à chacun de ses pas puis se décollant de ses sabots sont couverts par les grincements rythmés de la barrière et les sons qui s'échappent des gorges de la femme et de l'homme. Entre deux hoquets la jeune femme dit pro promettez-moi que vous ferez at attention pro. La barrière grince de plus en plus fort. Les pêcheurs se passent de main en main les casiers de bois jaune ou bruni remplis de poissons aux reflets métalliques dont quelques-uns se tordent spasmodiquement. La jeune femme a maintenant refermé son ombrelle qu'elle tient la pointe fichée entre les galets près de l'un de ses pieds, le manche légèrement en oblique, le tissu pastel tendu sur les baleines formant des godets autour du cône renversé dont l'ouverture est bordée par une collerette de festons. Sa main délicate joue à faire pivoter sur elle-même la poignée sculptée, tournoyant dans un sens puis dans l'autre. Le corps écailleux du dragon d'ivoire, les chrysanthèmes d'ivoire, la gueule aux babines retroussées, aux dents crochues, la langue apparaissent et disparaissent tour à tour entre les

doigts de porcelaine teintés de rose. Le vieil ouvrier
tire de la poche de son pantalon une grosse montre
en métal gris et regarde l'heure. Il descend pesam-
ment de son échafaudage, se recule, contemple la
cloison maintenant aux trois quarts démolie, puis
gagne le coin où il a rangé sa musette. Il regarde de
nouveau l'heure, renfourne la montre au fond de
sa poche, se penche, sort de la musette une bouteille
dont il fait sauter du pouce la capsule de porcelaine
et boit quelques gorgées au goulot, après quoi il
reste debout, la bouteille dans une main, s'essuyant
machinalement la bouche de l'autre, tout en éva-
luant de l'œil le travail qui reste encore à faire.
Au-dehors on entend les raclements de la pelle maniée
par le jeune maçon qui ramène sur le tas les gravats
éparpillés. La main carrée de l'ouvrier cache en
partie l'étiquette de la bouteille en forme d'écu
divisé en quatre carrés, deux rouges et deux blancs
en damier. Le nom de la brasserie est écrit en lettres
gothiques et épineuses sur la bande noire du chef.
Au centre du blason et empiétant sur chacun des
carrés est représentée dans un style naïvement
cubiste la silhouette dorée d'un lion dressé sur ses
pattes de derrière et coiffé d'une couronne. Dans
la partie supérieure de la bouteille avant l'étrangle-
ment du col, les parois transparentes de grosses
bulles agglutinées cloisonnent l'espace vide de

polyèdres irréguliers dont apparaissent les arêtes d'un brun orangé, comme le verre de la bouteille. A la fin le lieutenant laisse retomber les jumelles et dit d'une voix de fille et d'un ton sec qu'est-ce que c'est que cette panique on ne tire pas comme ça sans ordre le capitaine, et se tait sans finir sa phrase, comme à court d'arguments ou conscient de l'inutilité de ses paroles, restant debout avec une sorte d'embarras qu'il cherche à dissimuler en jetant des coups d'œil autour de lui comme pour inspecter les lieux, s'assurer du bon emplacement de l'arme, des hommes, des chargeurs en réserve. Un moment, ses yeux s'arrêtent sur la feuille de journal dont le tireur s'est servi pour nettoyer son arme et qui est restée, encore froissée, sur la table à côté du bocal de fruits. Au milieu des salissures brunes et entre-croisées laissées par la graisse, les fragments du titre d'un article, composé en caractères gras, sont encore visibles : ...IERS (ouvriers?) IVRE... (ivres?) ...ENT (périssent?) ÉCRA... (écrasés?) ...EUX (deux?) ...OMB... (tombés?) ...EMENT (effondrement?) EN... (entraînés?) ...COR... (encorbellement?). A la fin il semble prendre conscience des ronflements qui s'élèvent du lit dans le fond de la pièce. Son visage enfantin se crispe et il dit qu'est-ce que c'est que ça? Le chargeur dit il n'en pouvait plus on n'en peut plus il dort un peu pendant qu'on On le réveillera

quand il faudra si. Le lieutenant avise le litre vide
à côté du lit, s'apprête à dire quelque chose, se
retient et dit le plus froidement possible si quoi?
une rafale ne l'a pas réveillé ne me racontez pas
d'histoires il est. Puis il s'arrête comme s'il avait
peur ou éprouvait un dégoût à l'idée de prononcer le
mot. A ce moment s'élève la voix geignarde du pourvoyeur qui dit qu'est-ce qu'on attend mon lieutenant
ça va encore recommencer comme l'autre jour quand
ceux du troisième ont décroché et nous qu'on bou-
geait pas Toute une colonne qu'a défilé t't à l'heure
là-bas vous les avez pas vus ils nous. Le lieutenant
ne répond pas, marche jusqu'à la bouteille, la
ramasse et l'élève dans la lumière. Il y a encore
environ un doigt de vin dans le fond. Le niveau du
vin reste horizontal, coupant en sifflet le cylindre de
verre que la main tient légèrement incliné. Reflétant
la lumière qui vient de la fenêtre la surface du
liquide a une couleur bleutée. Un moment le lieutenant se tient là, embarrassé sous le regard des trois
cavaliers silencieux, comme s'il refoulait à mesure
les mots qui lui viennent aux lèvres, puis cherche
des yeux autour de lui où reposer la bouteille, comme
s'il était dans un salon. Il fait un pas vers le coin de
la table sur laquelle est couché le tireur, se ravise,
tenant maladroitement la bouteille qu'il agite faiblement de haut en bas, comme un biberon, puis

146

prend le parti de la laisser tomber, ne pouvant toutefois s'empêcher de plier un peu les genoux si bien qu'au lieu de se briser elle roule sur le carrelage jusqu'au pied du lit où elle s'immobilise. La voix du pourvoyeur s'élève de nouveau disant mais qu'est-ce qu'on fait là mon lieutenant ils nous ont tourné vous les avez pas vus toute une colonne pendant au moins un quart d'heure que ça a défilé on va être faits comme des. Le lieutenant dit taisez-vous. Il hésite puis ajoute d'un air ennuyé on attend la nuit. La voix geignarde s'élève alors d'un degré et dit la nuit pour qu'ils nous aient complètement tournés et avec ces putains de fusées qu'ils tirent enfin quoi on va tout de même pas rester là à attendre que. Le lieutenant dit je vous prie de vous taire et réveillez-le qu'il reprenne son poste Tout le monde à son poste et tâchez de gardez votre sang-froid c'est tout. Sur quoi il fait vivement demi-tour et quitte la pièce. Le tintement de ses éperons sur le carrelage décroît. Merde, dit le pourvoyeur, on lui presserait sur le nez qu'il en sortirait encore du lait avec des mecs comme ça on n'est pas fauchés c'est pas étonnant que. Le tireur dit oh ta gueule. La voix furibonde dit et la tienne attends un peu voir comment qu'ils vont te l'arranger quand ça commencera à chier ça sera vite réglé toi et ton éfème de mon cul qu'est-ce que tu te figures t'as pas encore compris depuis cinq

jours que ça dure cette couillonnade de merde t'as
pas encore pigé le truc non? qu'on va tous crever là
jusqu'au dernier pauvre con que t'es? Sur les
figures 73 et 74 la même falaise est représentée,
dans la partie gauche, avançant une arche dans la
mer où s'élève non loin un pilier en pain de sucre.
L'éblouissante muraille crayeuse, l'arche et le pain
de sucre se reflètent dans l'eau calme. Chacune des
images est étirée en longueur, du format appelé
« marine » par les peintres. Sous le bord supérieur
de la figure 73 court un feston de nuages qui, dans
le coin droit, s'accumulent en boursouflures et en
replis, comme le corps tumultueux d'un dragon, pour
revenir ensuite, un peu plus haut que la ligne d'horizon, darder une pointe vers la côte. Quatre flèches
(l'une au-dessus du sommet de la falaise, courbe,
comme une parenthèse qui s'ouvre, et dirigée vers
le haut, l'autre dans le feston de nuages et dirigée
vers la droite, la troisième au milieu des boursouflures, comme une parenthèse qui se ferme, et dirigée vers le bas, la quatrième enfin juste au-dessus de
l'horizon et dirigée vers la gauche) indiquent une
rotation dans le sens des aiguilles d'une montre. La
légende dit : Pendant le jour, l'air frais de la mer
vient remplacer l'air chaud qui monte de la terre.
Sur la seconde image le feston de nuages qui court le
long du bord supérieur est un peu plus épais. En

revanche, la pointe que formaient les nuages en direction du rivage a reculé. Les flèches indiquent cette fois une rotation en sens inverse de celle des aiguilles d'une montre. La légende dit : Pendant la nuit, l'air frais qui vient de la terre va remplacer l'air plus chaud qui vient de la mer. L'ombre de la falaise s'étend maintenant sur toute la plage. L'odeur de sueur qui se dégage des corps des pêcheurs se mêle aux odeurs de poisson. Sans cesser de sourire et de suivre de ses yeux brillants les allées et venues des pêcheurs chargés de casiers elle dit non je ne viendrai pas j'ai changé d'avis je ne viendrai pas. Elle dit dans un cri étouffé non je ne veux pas. Il s'est entièrement retiré d'elle et frotte son gland en remontant contre les poils aux boucles collées, de moins en moins touffus dans le sillon entre les fesses. Elle répète violemment non je ne veux pas Pas comme ça. Il dit quelque chose où elle distingue pas de risque. La prune noire et gluante cherche à forcer la chair plissée comme les pétales d'une fleur sombre. Les fesses nerveuses se crispent et l'anus se resserre encore. Elle répète non je ne veux pas, elle dénoue ses bras et le front toujours posé sur l'avant-bras gauche replié elle lance rapidement son autre bras en arrière, sa main atteignant la verge raidie qu'elle force à s'abaisser, et poussant violemment ses fesses en arrière l'enfonce complètement dans sa vulve,

149

faisant aussitôt entendre le même long gémissement, sa croupe ondulant, montant et descendant, tandis que par précaution la main se cramponne à la cuisse de l'homme qu'elle maintient pressé contre elle, répétant de nouveau entre deux hoquets mais vous me promettez de faire at vous ferez atten. Dans la pièce voisine les deux maçons retirent leurs vêtements de travail et se rincent à tour de rôle le visage, les mains et les avant-bras dans un seau dont l'eau devient vite d'un gris marron. Ils s'essuient tous les deux à la même serviette éponge déchirée, vert bouteille, d'une texture velue et dont les poils épais sont collés sur l'un des bords par une giclée de plâtre séchée qui se craquèle. Avec les mêmes gestes lents ils se débarrassent de leurs effets poussiéreux constellés de taches blanches dont certaines saillent en croûtes grumeleuses. A mesure qu'ils se dévêtent, leurs corps apparaissent morceau par morceau, trop blancs, vulnérables, avec leurs muscles déformés par le travail. Rien ne s'est produit depuis le départ du lieutenant. Dans la pièce la pénombre s'épaissit, décolorée, baignant dans une indistincte grisaille les objets et les occupants empoussiérés, comme ces personnages surpris par quelque cataclysme, pétrifiés dans des attitudes familières et uniformément recouverts d'une couche de cendre d'un gris plombé qui confère à l'ensemble l'aspect fantomatique, morne et exsangue de ces ateliers de sculpteurs peuplés de figures plâtreuses ou enveloppées de chiffons sales. Le faible vent qui pendant la journée inclinait les joncs bordant le ruisseau est tombé et en dépit de la fenêtre ouverte sur la fraîcheur du crépuscule l'écœurante et tiède odeur d'huile d'arme, de plâtras, de sueur refroidie, de crasse et d'excréments stagne entre les quatre murs sous le plafond déchiqueté. Les galets de la plage prennent une teinte lilas. Les caissettes remplies de poissons sont rangées et empilées les unes à côté des autres. Sur leurs flancs de bois sont peints au pochoir en lettres noires un nom et un prénom, celui du patron de la barque peut-être, d'un expéditeur ou d'une usine de conserves. Des seiches aux cornets bruns, aux tentacules visqueux et bleuâtres sont entassées pêle-mêle dans l'une d'elles. Sur leurs corps rampent lentement, s'enroulant et se déroulant, les tentacules d'un petit poulpe aux ventouses cornées de blanc. Armée d'une baguette, la petite fille essaie de retourner le poulpe dont le corps en étoile se rétracte sur lui-même. La jeune femme lui dit de laisser cette bête tranquille. L'énorme main rougeaude d'un pêcheur saisit brusquement le petit poulpe dont les tentacules se collent aussitôt autour de son poignet. D'un geste preste il retourne la poche à encre. Les tentacules se détachent et pendent inertes, comme une chevelure mouillée. L'ombrelle refermée virevolte nerveusement sur elle-même. A chaque demi-tour les extrémités des baleines continuent le mouvement giratoire, entraînées par leur élan, alors que la poignée repart déjà en sens inverse et le cône de soie se resserre autour du manche. Un instant les godets se couchent tous dans le même sens et le petit ruban élastique cousu sous les festons fouette l'air en se tordant. La jeune femme sourit toujours dans le vide et dit en desserrant à peine les dents je viendrai mais à une condition. Couché sur la table derrière son arme (ou assis parfois les jambes pendantes), le tireur semble composer avec le chargeur assis à côté sur une caisse un de ces groupes grossièrement moulés sur nature dans le plâtre liquide et qui, dans les musées ou sur les monuments aux morts, sont figés dans une terrifiante immobilité, comme non seulement la négation du mouvement et de la vie mais une perpétuation macabre, fantomatique, de l'instantané et du périssable. De temps à autre le tireur aspire une bouffée du cigare dont il cache la pastille incandescente dans sa paume et pendant une ou deux secondes celle-ci semble sortir des ténèbres, d'un rouge sale, crevassée et coupaillée de plis, en même temps que les saillies du visage mangé de barbe un instant extirpé du néant où il semble flotter, suspendu à rien dans

la grisaille puante qui l'ensevelit de nouveau. S'élevant quelque part dans l'ombre la voix geignarde
dit la nuit on attend la nuit qu'il a dit il fait nuit
non alors qu'est-ce qu'on attend encore qu'est-ce
qu'on fout là qu'est-ce que, puis elle meurt d'elle-
même, engloutie elle aussi, comme le visage fuga-
cement révélé, par l'obscurité, le silence. Dehors,
dans le bras mort du ruisseau ou une mare, le
concert des grenouilles se fait de plus en plus assourdissant. Dans la pièce qui s'assombrit, les deux
maçons achèvent de dépouiller l'une après l'autre
leurs hardes blanchâtres avec des gestes à la fois
brusques et calculés, comme des sortes d'insectes
géants se libérant par à-coups du cocon ou de la
gangue qui les enferme et d'où ils s'extirpent par
saccades, gauches et rugueux, les poils encore collés
par la sueur ou quelque plasma visqueux, ternes,
entrecoupant leurs efforts de pauses pendant lesquelles ils restent un moment immobiles ou agités
de faibles mouvements pour souffler, se préparer au
stade suivant, ou transvaser le contenu d'une poche
dans une autre. Au moment d'enlever leurs treillis,
ils jettent un rapide coup d'œil au-dehors, puis
vont derrière la porte rabattue contre le mur. Un
instant, au-dessus des treillis en accordéon autour
de leurs chevilles et dont ils dégagent leurs pieds
embarrassés, sautillant maladroitement sur place,

153

on voit leurs jambes velues. Le plus vieux porte autour de l'ume d'elles, à hauteur du mollet, un pansement jaune sale, sans doute antivariqueux. Ses chaussettes sont bordeaux, reprisées au talon de fil rose. L'une après l'autre les hardes plâtreuses se détachent d'eux et tombent sur le sol. Ils se dépêchent d'enfiler leurs pantalons propres, de couleur sombre. Éparpillés autour d'eux, les vêtements de travail forment maintenant de petits tas gris aux replis flasques, comme des peaux vides. Le tireur dit mais bon dieu qu'est-ce qui pue comme ça? Sans élever la voix le chargeur dit l'a tout dégueulé sur le lit, vinasse et le reste. Le tireur dit merde il aurait au moins pu aller dehors. Le pourvoyeur dit dehors? l'est même pas capable de faire trois pas. Le tireur dit Et comment qu'il tiendra sur sa bique alors? Le pourvoyeur ricane et dit les biques ahah t'es optimiste Toto t'es rien con merde les biques! t'as pas encore pigé qu'on est là que pour crever? Les galets s'entrechoquent sous les pieds des pêcheurs qui remontent la plage, portant à deux les casiers de poissons, leurs corps penchés en sens contraires. Ils marchent à petites foulées rapides, pressés par le poids de leur fardeau, et les pieds de chacun se posent l'un devant l'autre sur une même ligne comme s'ils avançaient sur une poutre. Quand ils passent près d'elle elle sent leur forte odeur mêlée à celle de la marée. Une forte odeur à la fois de coquillage et d'humus monte de l'épaisse toison noire sous les fesses polies où le membre va et vient avec des accélérations et des ralentissements. L'homme tient maintenant la jeune femme par les hanches. Ses jambes sont à demi fléchies et légèrement écartées comme celles d'un jockey. Son bassin avance et recule en même temps qu'il est animé d'un mouvement de bas en haut, à la façon d'un cavalier se laissant aller souplement sur sa selle pour accompagner la houle d'un cheval au galop. Les fesses phosphorescentes montent et descendent au même rythme, les reins se creusant chaque fois. La jupe est à présent remontée très haut au-dessus des hanches et on peut voir l'amorce du sillon dorsal. La vache s'est arrêtée et se tient immobile, sa masse noire et formidable, montagne, au-dessus d'eux (si près qu'il pourrait presque la toucher en étendant le bras), avec son échine infléchie, ses hanches osseuses, ses flancs bombés, ses quatre pattes comme des piliers, ses cornes noires et horizontales se découpant, opaques, sur le ciel d'un noir différent. A chaque poussée de l'homme qui s'enfonce profondément en elle, la jeune femme mord dans l'étoffe de ses manches pour étouffer les cris qui s'échappent de sa gorge. Entre ceux-ci, elle parvient parfois à articuler confusément les mots promettez, attention et retirer. Pour se laver, le vieux maçon n'a gardé qu'un léger tricot de corps d'un blanc jaunâtre et aux larges mailles comme les cellules pressées d'une ruche. Sur son bras à la peau laiteuse est dessiné un tatouage d'un bleu délavé, devenu à peine lisible, et où l'on devine, naïvement figuré, le corps d'une sirène. La morphologie du visage n'est indiquée que par trois taches imprécises, indiquant la place des yeux et de la bouche dans l'ovale qui s'arrondit sous l'opulente chevelure ondoyant de chaque côté du buste jusqu'au bas de la taille où prend naissance une queue relevée sur la droite. Les écailles de la queue terminée par une sorte d'éventail bifide sont figurées au moyen d'un lacis de traits pâles qui s'entrecroisent, évoquant les mailles d'un filet. Deux parenthèses couchées, comme deux cupules, soulignant chacune un point, figurent les seins. Au-dessous de la sirène clapotent trois courtes rangées d'accents circonflexes alignés comme des tentes d'un camp militaire ou les crêtes pointues d'une eau agitée. Sur le fond blafard de la peau, la sirène ondule et se déforme selon les mouvements des muscles du bras, se distendant et se contractant tour à tour comme sous les passages de vagues successives. La voix geignarde et véhémente (et plus que véhémente : indignée, et plus qu'indignée : martyrisée) crie maintenant sur un ton aigu me tirer me tirer? tu te crois

malin con? « t'as qu'à te tirer » me tirer où c'est que
je me tirerais tu veux me le dire dans ce merdier
où c'est que j'irais on sait même pas si i sont devant
derrière à droite ou à gauche tu voudrais te tirer
que tu tomberais à tous les coups sur cézigues i sont
là à nous attendre comme des lapins me tirer merde
après qu'on est resté là comme des cons toute la
journée pour qu'ils puissent je te fais chier je te fais
chier attends voir un peu demain qui c'est qui va te
faire chier espèce de pauvre con pas plus tôt qu'i
fera jour attends voir qu'ils radinent avec leurs petits
avions de merde dans le joli ciel rose bon dieu i fait
tout juste jour que ça rapplique déjà de partout
c'est chaque jour pareil on croirait un lâcher de
guêpes sans se presser bien peinards les salauds
comme des boulots qui vont tranquillement à leur
petit turbin comme un lâcher de ballons de mômes
de derrière les collines comme des petites bulles de
merde l'air est pur ça sent bon ce matin et en avant
de nouveau la fiesta ah je te fais chier attends seulement voir un peu qu'i. Le chargeur crie oh la
ferme la ferme tire-toi ou ferme-la on n'est déjà pas
à la noce alors si i faut encore t'entendre chialer
sans arrêt par-dessus le marché tu vas la fermer un
peu oui ou merde? Les deux maçons achèvent maintenant de se rhabiller. Le plus âgé a remis la chemise aux couleurs ternes qu'il portait pendant la

journée, roidie, comme empesée par la sueur séchée
qui, en certains endroits encore (sous les aisselles)
dessine de larges taches sombres. Le plus jeune a
endossé une chemise propre à carreaux jaunes, marron et orange. Accroupi devant une petite glace
installée sur une pile de briques, il achève de lisser
sa chevelure à l'aide d'un peigne de poche qu'il
trempe dans l'eau marron du seau. Assis par terre,
son compagnon enfile des chaussures de ville au cuir
sillonné de craquelures. Le jour continue à décroître.
Dans la pénombre envahissante le petit miroir étin-
celant semble concentrer toute la lumière. Au-dehors,
dans le verger, un oiseau (un merle?) commence à
lancer ses appels sporadiques et modulés. Le soleil
qui n'entre plus dans la pièce étincelle encore sur
les feuilles des pommiers entre lesquelles s'allongent
ses rayons horizontaux. Les faces des feuilles tour-
nées vers le couchant luisent d'un reflet doré. Le
verger tout entier aux couleurs avivées a cet éclat
qui annonce la fraîcheur du crépuscule, comme lavé.
Le vieux maçon enfile une veste bleu-marine croisée
dont un bouton manque et aux coudes lustrés. Le
pantalon informe et le veston désaccordé (souvenir
sans doute de quelque lointaine cérémonie, baptême
ou mariage) pendent en plis flasques. La poussière
blanche reste incrustée dans les craquelures de ses
chaussures. Il s'accroupit et range dans sa musette

la gamelle militaire vide contre laquelle la fourchette et la cuillère d'étain cognent avec un bruit
creux. Il enveloppe dans une serviette sale bordée
d'une bande rose le reste du pain qu'il n'a pas mangé
et le cale contre la gamelle avec une boîte de fromage
dont l'image de marque montre la tête d'une vache
au pelage rouge, à la bouche fendue dans une sorte
de rire, les coins des yeux malicieusement relevés et
plissés, et portant à ses oreilles comme des pendentifs
deux boîtes identiques sur lesquelles on peut voir la
même vache. De son côté le jeune maçon range dans
son sac son thermos, une boîte de sardines intacte, le
restant d'un saucisson et la bouteille au verre grenu
sur le flanc de laquelle se détache une étiquette ovale
au pourtour jaune pâle où est écrit en lettres bleues
suivant la courbe supérieure le mot ORANGINA. Au
centre sont représentées deux oranges (la plus rap-
prochée masquant à demi la seconde) encore accrochées à un morceau de branche et couronnées par un
bouquet de feuilles vert foncé. La peau luisante et
grenue des fruits est soigneusement imitée en trompe-
l'œil et rappelle la matière du verre opaque de la
bouteille. Le vieux maçon pousse du pied contre le
mur ses chaussures et ses vêtements de travail roulés
en boule. Le plus jeune suspend au montant vertical
de l'un des tréteaux son treillis et la chemise d'un
rose passé, vermillon pâle, au col et au plastron

maculés de blanc. En dépit de la fenêtre restée ouverte, il s'exhale des vêtements de travail entassés contre le mur ou suspendus au tréteau une tenace odeur de sueur refroidie qui se mêle à celle des plâtras et du papier moisi pendant des murs en longues déchirures. L'odeur forte de la jeune femme se répand dans la pièce. Ses fesses nues, les jambes nues et velues de l'homme au bas desquelles le pantalon s'accumule en accordéon à hauteur des chevilles, les gravats éparpillés sur le carrelage, font des taches grisâtres qui semblent suspendues sans poids dans l'obscurité, comme s'ils flottaient dans l'odeur épaisse et âcre de croupissure qui se dégage des larges coquelicots ténébreux et fanés, des linges roidis et des corps en rut. Le chambranle de la fenêtre encadre un rectangle d'un noir différent, comme transparent pour ainsi dire et soyeux, sur lequel se détachent en noir opaque les feuilles flammées du laurier et les contours dentelés, creusés de golfes, de celles de la treille. Les maçons ont déposé la plaque de fonte qui garnissait le foyer de l'ancienne cheminée, maintenant à moitié démolie, et l'ont appuyée contre le pied du mur parmi les décombres. Sous les friables épaisseurs de suie on distingue le motif en bas-relief qui la décore. Au centre une jeune femme vêtue d'une robe serrée à la taille et coiffée d'un chapeau de jardin, debout sur une terrasse, tient gracieusement un bouquet dans l'une de ses mains, dans l'autre le manche d'une faucille. L'épaisseur de la couche de suie (ou l'exécution sommaire du modelé par l'artiste, ou encore la grossièreté de la fonte) ne laissent deviner les formes du visage que par deux légères dépressions à la place des yeux dans l'ovale renflé qui se dessine sous le chapeau aux larges bords. Au-dessus de la ceinture, le haut de la robe se croise sur les seins, comme un fichu. L'ample jupe bouffante se gonfle comme un ballon, creusée de plis dont les courbes sont composées d'une succession d'arêtes vives (la lourde étoffe — faille, taffetas? — se cassant en plans rigides), le bas entraîné vers la droite par le vent (ou le mouvement de la course), conférant à la figure l'aspect gracieux de ces personnages impondérables représentés sur les fresques ou les plafonds, flottant dans les airs, comme si ses pieds invisibles reposaient non sur le sol de la terrasse dont on aperçoit sur sa droite la balustrade aux piliers ventrus, mais sur quelque nuage. A gauche, la balustrade s'interrompt et on peut voir à l'arrière-plan les côtés d'un rectangle en perspective cavalière, un bassin sans doute dans le parc qui s'étend au-delà. Le manche d'un râteau est appuyé en oblique contre la balustrade. Les grosses fleurs du bouquet semblent être des pivoines dont les pétales bombés sont imités avec soin. Au-dessus du chapeau et à droite, on distingue dans le ciel de fonte trois légers renflements en forme d'olives qui évoquent le corps et les ailes d'un oiseau rapide et silencieux se déplaçant de la droite vers la gauche sous un plafond de nuages aux ventres lourds, à moins qu'il ne s'agisse d'une draperie ou d'une tenture (semblable à ces rideaux de théâtre figurés en trompe-l'œil et soutenus, comme des voiles carguées, par des cordelières d'or, ou encore de ces baldaquins que soulèvent des amours joufflus, facétieux et ailés au-dessus de quelque nymphe dénudée) car ils ont été traités par le sculpteur dans la même facture que les plis bouffants de la robe ballonnée par le vent auxquels les gonflements des nuages font écho, comme la voûte obscure d'une grotte. De part et d'autre du chapeau on peut lire, en relief, sur la fonte noircie du ciel, d'un côté les lettres F, R, Ü et H, puis L, I, N et G. Au milieu des gravats, l'aérienne jardinière à la robe de suie, sa serpette, son bouquet, la balustrade, le géométrique bassin d'eau noire, l'oiseau noir, le baldaquin de nuages noirs, semblent constituer quelque optimiste et paradoxale allégorie apparaissant au cœur de l'hiver à la tremblante lueur des flammes comme une promesse d'espoir. Dans le bois ténébreux le hibou hulule une nouvelle fois. Le pourvoyeur sursaute et dit Encore vous avez entendu? Personne ne répond. Il répète d'une voix altérée vous avez pas entendu vous avez pas entendu c'est comme ça qu'ils s'appellent pour se reconnaître ils font le cri de la chouette c'est comme ça qu'ils se regroupent sûr que ça grouille là-dedans en face bon dieu i vont nous tomber sur le râble sans même qu'on ait le temps de ça fait je ne sais combien de fois qu'. Le hibou hulule de nouveau. Le pourvoyeur répète encore dans un souffle là vous avez entendu vous avez entendu? Les yeux du tireur scrutent la nuit. Les silhouettes confuses du groupe formé par les trois soldats aux visages tendus vers la fenêtre se dessinent vaguement dans l'ombre de la pièce. La masse noire du bois semble flotter comme une île au-dessus des écharpes de brume. Les saccades précipitées qui secouent le bassin de l'homme prennent fin sur une dernière poussée après laquelle il se tient étroitement collé aux fesses de la jeune femme, cramponné à ses hanches, tandis qu'à l'intérieur de la chair obscure le long membre raidi se tend encore, lâchant de longues giclées de sperme noir. Au bout d'un moment les muscles de l'homme se relâchent et il caresse doucement les hanches nues cependant que le dos et les épaules de la femme continuent à être secoués de tressaillements nerveux. Peu à peu, tandis que le soir tombe, la mer se teinte d'une couleur plombée et verdâtre. En avant de la falaise, les

roches qu'elle recouvre et découvre tour à tour
apparaissent et disparaissent, luisantes et d'un violet
sombre, entourées d'une bave d'écume que chaque
nouvelle vague étire paresseusement derrière elle
comme une traîne. Les yeux accoutumés à l'obscurité distinguent les larges plaques blanches et noires
aux contours sinueux et imbriqués qui épousent les
reliefs du corps puissant au ventre renflé, aux os
saillants sous le cuir épais. L'œil gauche de la vache
est noyé dans une tache obscure à peu près de la
grandeur d'une assiette. La conjonctive rose et les
longs cils pâles de l'œil droit se confondent avec le
pelage clair qui l'entoure. La rumeur violente du
sang dans les oreilles s'apaise par degrés. Le menton
levé, la pomme d'Adam saillante sous la peau grise
et mal rasée, le vieil ouvrier boutonne soigneusement le col de sa chemise. Le petit bouton nacré aux
reflets bleu-vert et mauves échappe plusieurs fois à
ses doigts maladroits. Tâtonnant à sa recherche et
le menton toujours levé, il bouge légèrement celui-ci,
le pointant à droite et à gauche en même temps que,
les paupières à demi baissées, son regard dirigé vers
le sol, il dit quelque chose au jeune maçon. Déjà
prêt, celui-ci repose son sac, va chercher un balai
presque dépourvu de poils appuyé contre l'un des
murs et dégage le centre de la pièce de quelques
gravats qu'il pousse sous l'un des échafaudages. Des

nuages de poussière s'élèvent à chacun de ses mouvements. Le vieil ouvrier a fini de boutonner son col
et dit ça va bien comme ça pourvu qu'il y ait un
passage. L'une des pointes du col est restée relevée.
Maintenu par le seul bouton du bas qui tiraille le
tissu à hauteur de la taille, le revers lustré du veston
bâille en formant une poche. A l'emplacement du
bouton manquant une petite mèche de fils noirs et
torsadés sort du tissu. Le pourvoyeur est maintenant
étendu à plat ventre à même le carrelage parmi les
gravats. Ses épaules sont agitées de soubresauts et
de tremblements convulsifs. La tête cachée dans ses
bras croisés il sanglote nerveusement. Les ronflements de l'ivrogne qui s'est recouché sur le lit privé
maintenant de son matelas s'élèvent régulièrement.
Le servant du fusil-mitrailleur est allé s'asseoir
contre le mur et tire à de lents intervalles sur un
nouveau cigare. De temps à autre, pour atténuer le
feu qui brûle sa langue et son palais, il tâtonne de
la main gauche dans le noir à la recherche du bocal
de fruits qu'il a transporté près de lui et le porte à
ses lèvres. Il lampe une gorgée de sirop qu'il garde
un moment dans sa bouche avant de l'avaler. Parfois il recrache un menu fragment de plâtre resté
accroché au bord poisseux du bocal ou en suspension
dans le sirop. Le chargeur est assis de biais sur la
table et regarde par la fenêtre le paysage nocturne

et simplifié où se distinguent seulement des masses plus ou moins sombres sous le ciel piqué de rares étoiles. Une fois encore la chouette hulule dans l'épaisseur du bois. Il dit allons voyons en caressant les cheveux dénoués et en tapotant affectueusement l'épaule de la jeune femme. Elle est adossée à la barrière. Elle pleure. Elle dit au milieu de ses sanglots vous m'aviez promis. Il dit voyons il n'y aura r. Elle se baisse et tâtonne dans l'herbe noire à la recherche de sa culotte déchirée. Elle se redresse. Elle répète vous m'aviez promis vous m'aviez promis. Sans cesser de parler et de renifler, elle soulève sa jupe et se baisse en écartant les jambes. Les pieds rapprochés, les genoux ouverts, les jambes pâles dessinent dans la nuit un losange approximatif. Elle essuie son con avec un pan du tissu déchiré. Elle l'enfonce dans sa vulve. Elle sent ses doigts gluants de sperme. Elle dit oh mon dieu vous m'aviez promis. Elle fouille aussi profond qu'elle peut dans son vagin en fléchissant encore plus les genoux pour écarter les cuisses. Elle a l'air d'une grenouille. Après avoir rangé le balai, le jeune ouvrier époussette de quelques tapes son pantalon propre d'où s'échappe un léger nuage de poussière et reprend son sac de sportif, en tissu écossais, qu'il rejette par-dessus son épaule, retenant d'une main, deux doigts en crochet, le cordon qui en serre l'ouverture. Un moment encore les deux ouvriers restent là, debout et prêts à partir, s'attardant à discuter sans doute du travail du lendemain car le plus âgé agite à plusieurs reprises son doigt tendu en direction de l'un ou l'autre des échafaudages et de la saignée horizontale pratiquée dans le mur. Tout en discutant, il roule encore une cigarette. Le goulot de la bouteille de vin enveloppée de papier-journal soulève l'un des côtés du rabat de la musette repoussée sur ses reins. Sur la feuille déchirée et grise on peut lire en caractères gras des fragments de mots composant un titre : ... IERS (vacanciers?) ...IVRE (suivre?) ÉCRAS... (écrasés?) ...EUX (affreux?) AC... (accident?) ... EMENT (effondrement?) EN... (ensevelis?) ...UT... (chute?) ROCH... (rochers?) COR... (corniche?). Dans le verger le merle chante de nouveau. La tête inclinée sur le côté, le vieux maçon bat à plusieurs reprises la pierre de son briquet, qui illumine chaque fois sa figure d'une brève lueur. A la fin la flamme fait sortir de l'ombre les reliefs du visage raviné et des mains aux larges doigts. Il remet le briquet dans sa poche et l'un suivant l'autre les deux hommes se dirigent vers la porte. On achève de charger sur le plateau d'un camion les caissettes pleines de soles, de seiches, de maquereaux rayés, de daurades, et les curieux se dispersent. Les pêcheurs ont mis à sécher sur un filin tendu obliquement à partir de la poupe leurs cirés jaunes ou brique. La brise de terre qui se lève balance faiblement les pantalons et les suroîts raides comme des planches, aux jambes et aux bras écartés. Il ne reste bientôt plus sur la plage déserte que les quatre ou cinq grosses barques noires, quelques canots et un groupe de jeunes filles assises en rond comme pour quelque cérémonial secret et d'où fusent parfois de frais éclats de rire. Non loin d'elles deux gamins ramassent des galets plats qu'ils lancent d'un geste vif au ras de l'eau sur laquelle ils ricochent plusieurs fois en soulevant des aigrettes étincelantes de plus en plus rapprochées avant de disparaître. La haute falaise, la plage, s'enténèbrent peu à peu. Maintenant on ne distingue plus que la tache claire formée par le groupe de jeunes filles et les mouettes posées sur l'eau, à quelques mètres du rivage, comme des canards, s'élevant et descendant aux passages paresseux des vagues. Elle répète oh mon dieu oh mon dieu et Charles s'il arrive quelque chose. Il bredouille une phrase confuse comme pas de risques mais vous n'avez pas voulu je. Elle dit rageusement Non je n'ai pas voulu! pour qui me pre. Les sanglots l'étouffent. Il lui tapote gauchement l'épaule, porte à sa bouche le mince cigare qu'il tient entre deux doigts, se ravise et l'éloigne de ses lèvres sans l'allumer. Il lui tapote de nouveau l'épaule en répétant allons voyons allons. Elle conti-

nue à s'essuyer, d'un geste maintenant machinal.
Elle dit vous m'aviez promis vous m'aviez promis
que vous feriez attention. Il dit allons. Elle laisse
retomber sa jupe. Elle tient le morceau de tissu
trempé et gluant roulé en boule dans sa main. Elle
a un geste comme pour le jeter puis se ravise. Elle
dit s'il arrive quelque chose s'il arrive quelque chose
je suis sûre que ça arrivera je n'ai pas vous avez
tout lâché vous. Il dit allons voyons. Les petites
grenouilles coassent toujours, assourdissantes. On
n'entend que les faibles bruits de sanglots qui
s'échappent de la gorge du pourvoyeur, comme des
cris de souris ou un rat qui couine. Le tireur continue
à aspirer de lentes bouffées de son cigare dont chaque
fois la faible lueur croissant et décroissant extrait
de l'ombre son visage qui se fond de nouveau dans
l'obscurité. Brusquement, sans qu'aucun bruit ni
aucun mouvement visible l'ait annoncé, le chuintement rapide d'une fusée tirée de derrière ou de
l'intérieur du petit bois déchire le silence. Le bruit
soyeux de l'air froissé s'intensifie et décroît rapidement tandis que le sillage d'étincelles s'élève en
ondulant dans le ciel noir. Arrivée très haut, en bout
de course, la tête de la fusée éclate, éparpillant
autour d'elle une pluie de brandons. Le tireur et le
chargeur ont sursauté et sont maintenant debout
près de l'arme devant la fenêtre. Troublé quelques

instants, le calme opaque de la nuit s'installe de nouveau. Au bout d'un moment les grenouilles qui s'étaient arrêtées de chanter relancent l'une après l'autre leur cri, d'abord timidement, puis s'enhardissant, puis, comme avant, toutes ensemble. Le pourvoyeur couché sur le carrelage s'est vivement redressé. Appuyé sur un coude il regarde par la fenêtre le ciel de soie grise où les dernières étincelles dispersées en gerbe retombent et s'éteignent l'une après l'autre. Sa voix geignarde s'élève encore une fois et dit les salauds tu parles s'ils ne savent pas qu'on est là attendez voir demain matin qu'est-ce que j'avais dit? Personne ne répond. Parvenu presque à la porte, le jeune maçon avise l'image tombée sur le sol et se baisse pour la ramasser. Il l'époussette et la tourne vers la lumière. Sur la marge de papier vert olive et pelucheux où elle est collée on peut lire en lettres autrefois dorées : L'ILLUSTRATION. Il tient l'image à bout de bras, clignant des yeux, comme un myope, en penchant légèrement la tête sur le côté. Il lit la légende en caractères bâtons noirs sous les rochers battus par les vagues : Les Tas de Pois (Finistère). Il dit mince ça doit être chouette. Il contemple encore l'image quelques instants d'un air pensif. Sur le seuil le vieil ouvrier se retourne et dit alors tu viens? Le jeune maçon desserre ses doigts et, glissant en oblique, l'image retombe parmi les gravats. Il rejoint son compagnon et la pièce reste vide. Les deux gamins qui faisaient des ricochets sont partis. Le cercle clair des jeunes filles poursuivant leurs rites secrets ponctués de brusques éclats de rires est à peu près indistinct. Soudain, au fond de l'horizon où le ciel ne se sépare plus maintenant de la mer, scintille sur la gauche la brève lueur d'un phare qui disparaît aussitôt, reparaît, s'éteint pendant quelques secondes, reparaît deux fois coup sur coup, démasquée et occultée tour à tour selon un rythme codé avec une régularité de métronome comme si l'œil — pas l'oreille : l'œil — pouvait percevoir quelque part à travers le bruit paisible et régulier du ressac l'implacable grignotement des roues dentées, des engrenages, de l'échappement fractionnant le temps en menus intervalles comptabilisés, comme si quelque signal venu d'étoiles, d'astres lointains gravitant à des millions d'années-lumière les avait tout à coup mis en mouvement pour marquer l'instant, la seconde précise de la séparation du jour et de la nuit, déclenchant en même temps l'apparition soudaine d'un fugitif chemin de reflets sur l'étendue ténébreuse qui ne se distingue plus de la plage que par une incessante mouvance, confusément perçue, de noires et statiques ondulations, comme celles d'une chevelure liquide reptilienne et visqueuse. Elle jette soudain ses bras autour des épaules de l'homme et se serre convulsivement contre lui. Il dit voyons allons et lui caresse les cheveux. Elle dit mon chéri mon chéri vous m'aimez dites-moi que vous m'aimez s'il arrive quelque chose vous ne m'. Il dit mais voyons je. Elle dit jurez-le-moi vous ne me. Il dit mais voyons bien sûr Attention ma chérie vous allez me tacher. Elle dit vous t... Il se dégage doucement du bras qui enserre ses épaules et dont la main tient la boule de tissu gluant. Il dit mais bien sûr ma chérie bien sûr. Elle regarde sa main serrée sur l'étoffe froissée et mouillée. Elle répète vous tach. Il dit voyons ma chérie. Elle crie vous tacher espèce de. Il dit voyons ne criez pas on pourrait vous ent. Elle crie espèce de espèce de espèce de. Elle tourne brusquement le dos et part en courant. Il crie Voyons. Il crie Estelle. Il crie Estelle écoutez-moi! Estelle, Élodie, Émilie, Élisabeth, Hélène, Sylvie, Gilberte, Édith, Odette. Il fait quelques pas dans la direction où elle s'est enfuie. La tache de la robe sombre s'éloigne ou plutôt semble rester sur place, agitée de faibles secousses, en diminuant de grandeur. Il s'arrête et reste là, le mince cigare entre deux de ses doigts. Il dit à mi-voix quelque chose d'indistinct. La tache de la robe s'est fondue dans la masse noire du bois. Il revient s'accoter à la barrière. Il tire de sa poche une boîte d'allumettes et en frotte une. Il prend soudain conscience de la présence de la vache presque au-dessus de lui, toujours immobile, gigantesque. A la lueur de la flamme il voit ses doigts, le pouce, l'index et le majeur réunis sur l'allumette. Il tire deux ou trois bouffées du cigare. Il se tient ainsi quelques instants, laissant se consumer l'allumette maintenant éloignée de l'extrémité du cigare. Il peut voir le museau humide et baveux de la vache. Il peut voir son œil fardé de noir, l'autre bordé de rose pâle et sa frange de cils soyeux et décolorés comme ceux d'un albinos. L'allumette lui brûle les doigts. Il la laisse tomber et elle s'éteint dans l'herbe. Tout est complètement noir.

COURTS-CIRCUITS

Les langues pendantes du papier décollé laissent apparaître le plâtre humide et gris qui s'effrite et tombe par plaques dont les débris sont éparpillés sur le carrelage devant la plinthe marron. La tranche supérieure de celle-ci est recouverte d'une impalpable poussière blanchâtre. Immédiatement au-dessus de la plinthe court un galon (ou bandeau?) dans des tons ocre-vert et rougeâtres (vermillon passé) où se répète le même motif (frise?) de feuilles d'acanthe dessinant une succession de vagues involutées. Sur le carrelage hexagonal brisé en plusieurs endroits (en d'autres comme corrodé) sont aussi éparpillés parmi les débris de plâtre divers objets ou fragments d'objets (morceaux de bois, de brique, de verre, le châssis démantibulé d'une fenêtre, un sac vide dont la toile rugueuse s'étage en replis mous, une bouteille, etc.). Du plafond pend une ampoule de faible puissance (on peut sans être aveuglé en fixer le filament) vissée sur une douille de cuivre terni. Le filament a la forme d'une collerette festonnée

tendue sur des rayons horizontaux, eux-mêmes
incandescents, l'ensemble évoquant le squelette
(pourtour et baleines) d'une ombrelle ou d'un para-
pluie mis à plat. Au-dessous du minuscule et
immobile déferlement de vagues végétales qui se
poursuivent sans fin sur le galon de papier fané, l'archipel crayeux des morceaux de plâtre se répartit en
îlots d'inégales grandeurs comme les pans détachés
d'une falaise et qui se fracassent à son pied. Les plus
petits, de formes incertaines, molles, se sont dispersés au loin après avoir roulé sur eux-mêmes. Les
plus grands, parfois amoncelés, parfois solitaires,
ressemblent à ces tables rocheuses soulevées en plans
inclinés par la bosse (équivalent en relief du creux
— ou d'une partie du creux — laissé dans le revêtement du mur) qui en constitue l'envers et sur laquelle
ils reposent. Sur leur face lisse adhère parfois encore
un lambeau de feuillage jauni, une fleur. Pénétrant
par une porte ouverte sur un corridor ou une autre
pièce, la lumière d'une seconde ampoule, plus forte,
éclaire la scène, ce qui explique la présence d'ombres
portées très opaques (presque noires) qui s'allongent
sur le carrelage à partir des objets visibles et peut-
être aussi celle, échassière et distendue, d'un personnage qui se tiendrait debout dans l'encadrement
de la porte. Deux images en couleur sont encore
accrochées sur les murs. L'une d'elles décore un

almanach des Postes, entourée par les colonnes qui proposent pour chaque mois une liste de noms de saints et de martyrs parmi lesquels s'échelonnent, imprimées en rouge, les mentions des fêtes religieuses : Nativité, Cendres, Rameaux, Passion, Toussaint, Défunts. L'autre image, d'un format plus grand, n'est plus retenue que par une punaise à la tête plate et rouillée, plantée dans son coin supérieur droit d'où elle pend, sa diagonale à la verticale. Elle est collée sur un papier gris-vert, grenu, formant encadrement. Un filet d'un vert plus foncé court dans les marges à chaque coin desquelles il dessine un motif décoratif composé de trois boucles (une grande encadrée de deux petites) comme des pétales en fer de lance. Le papier de l'image (autrefois glacé et maintenant terni) s'est gaufré sous les alternances d'humidité et de chaleur. Les trois angles sans punaises sont recroquevillés et enroulés sur eux-mêmes en cornets. On distingue cependant trois femmes au teint sans doute fragile qu'elles protègent du soleil par des ombrelles tandis qu'elles descendent à travers champs une pente herbue. Les traînes de leurs jupes bruissantes froissent une mer de coquelicots. On peut entendre leurs rires et — c'est l'été — le bourdonnement des insectes. L'autre image (celle qui orne l'almanach des Postes) représente dans une harmonie verdâtre et violacée une côte rocheuse qui

179

plonge dans la mer. Les vagues enserrent les récifs d'une collerette d'écume. A travers l'épaisseur glauque de l'eau transparente on peut voir du haut de la falaise d'autres roches, d'autres débris fracassés, comme un champ d'éboulis submergé. A marée basse, le flot découvre certains d'entre eux. Sur le fond lumineux du verger les trois femmes et l'enfant de l'image qui pend de guingois semblent tomber sans fin, précipitées dans le vide, immobiles et gracieuses, comme si le sol du coteau basculant tout à coup s'était dérobé sous leurs pas, et leurs rires se changent en cris d'effroi. Certains récifs affleurent à peine et ne se signalent que par une sorte de bouillonnement, de corolle dont les festons blanchâtres s'étirent derrière chaque vague comme une traîne, une écharpe baveuse surnageant, montant et descendant au gré de la houle. Sans avertissement, sans aucun craquement préalable, une plaque se détache du plafond (ou un morceau de la corniche qui le décore) et s'écrase avec un bruit mat sur le carrelage. Ses divers éclats sont projetés par le choc dans toutes les directions, glissant ou roulant sur eux-mêmes en perdant le long de leur trajet de minuscules fragments (parcelles) qui dessinent un ensemble de rayons divergents, comme les branches irrégulières d'une étoile. Les rayons du soleil de plus en plus bas qui entrent par la fenêtre aux vantaux cassés étirent encore sur le carrelage les ombres noires et parallèles. Celle de la partie inférieure du mur, au-dessous de l'appui, recouvre maintenant environ les deux tiers de la largeur de la pièce. Les rayons presque horizontaux sculptent durement les replis de l'amas flasque (en fait, des vêtements de travail et une musette) poussé dans un coin. Un bruit de pas se rapproche et une main saisit la musette qui disparaît en même temps qu'on entend des voix. L'une d'elles, plus autoritaire, fait remarquer le danger que présentent les fils électriques dénudés. La lumière de l'ampoule s'éteint. A leur retour, les promeneuses vont voir où en est l'état des travaux. Les jeunes femmes pincent délicatement leurs longues jupes au-dessus du genou et les soulèvent pour éviter qu'elles traînent dans les gravats. Cessant de morigéner l'enfant pour avoir marché trop au bord de la corniche, sur la falaise, l'une d'elles s'inquiète de la lenteur des travaux et demande si l'entrepreneur ne pourrait pas mettre plus d'ouvriers sur le chantier. Peu après une discussion s'élève sur l'insuffisance de l'unique fenêtre. L'homme qui accompagne les jeunes femmes tient dans l'une de ses mains un journal roulé en flûte avec lequel il frappe machinalement (comme un cavalier d'une badine) le plat de sa cuisse ou qu'il pointe parfois vers l'une ou l'autre des parties du

LEÇON DE CHOSES

local selon la conversation. Sur le mince cylindre apparaissent et disparaissent selon ses mouvements quelques fragments des mots qui composent le titre d'un article : ...IERS (cavaliers?) ...IVRE... (livrent?) ...ENT (courageusement?) ÉCRA... (écrasants?) ...RIEUX (furieux?) ...OMB... (combats?) ...EMENT (de retardement?) EN... (ennemi?) ...ROCH... (accroché?) ...COR... (corps à corps?). L'une des femmes dit mais qu'est-ce qui sent mauvais comme ça vous sentez ce n'est pas possible il doit y avoir un rat mort quelque part. Le soleil s'est couché. La lumière du crépuscule n'éclaire plus que confusément la pièce où sur le carrelage maintenant obscur les fragments de plâtre épars semblent vaguement phosphorescents. Deux des promeneuses arpentent la pièce en dessinant de la pointe de leurs ombrelles dans la poussière des gravats les futurs emplacements des meubles. Profitant de leurs allées et venues et des éclats de leurs voix, l'homme se penche vers la troisième et dit rapidement alors c'est promis ce soir ici? Un merle chante dans le verger. Pour y voir plus clair l'une des femmes tourne le commutateur qu'elle referme précipitamment lorsqu'elle lit sur le panneau de la porte l'avertissement tracé par le contremaître à l'aide d'un fragment de plâtre, mettant en garde contre les risques de court-circuit.

TABLE

CET OUVRAGE A ÉTÉ ACHEVÉ D'IMPRIMER LE
ONZE AOÛT DEUX MILLE HUIT DANS LES ATE-
LIERS DE NORMANDIE ROTO IMPRESSION S.A.S.
À LONRAI (61250) (FRANCE)
N° D'ÉDITEUR : 4616
N° D'IMPRIMEUR : 082352

Dépôt légal : août 2008